Maurus Runge

Weht der Geist durch Bits und Bytes?

Maurus Runge

Weht der Geist durch Bits und Bytes?

Glaube in digitalen Zeiten

Vier-Türme-Verlag

Für die Menschen meines
»Twitter-Wohnzimmers«.

Danke für Inspiration, Begleitung,
Freundschaft und Kritik.

Inhalt

VORWORT

Eine Welt

»Das Internet ist für uns alle Neuland« – ein Satz, der bis heute tausendfach zitiert wird, mal mit mehr, mal mit weniger Spott. Gesagt hat ihn Bundeskanzlerin Angela Merkel am 19. Juni 2013 bei der gemeinsamen Pressekonferenz mit dem damaligen US-Präsidenten Barack Obama, als es um die geheimdienstliche Überwachung von Internetdiensten ging. Der ZDF-Journalist Thomas Walde hat auf Twitter die Diskussion gut zusammengefasst: »Wenn ich die ersten Kommentare auf Twitter richtig deute, hat Merkel mit dem **#Neuland** gerade einen Klassiker geschaffen.«[1] Er hat Recht behalten.

Dabei liegt Angela Merkel gar nicht mal so falsch mit ihrer Äußerung. Denn allein im Zeitraum von 2013 bis heute hat sich viel geändert im Netz. Wer konnte sich damals einen amerikanischen Präsidenten vorstellen, der seine

Politik via Twitter macht? Und wer konnte ahnen, dass ein kleines Virus, das sich im Frühjahr 2020 in der ganzen Welt ausbreitete, die Digitalisierung auf eine ganz eigene Art beschleunigen würde, sodass heute Videokonferenzen der verschiedensten Art selbst hinter Klostermauern Einzug gehalten haben?

Innerhalb der Kirche scheint mir der Satz vom »Neuland Internet« in vielerlei Hinsicht noch immer aktuell zu sein. Auch wenn es zweifelsohne viele gute kirchliche Initiativen im digitalen Raum gibt – auch hier hat die Corona-Krise vieles beschleunigt –, herrscht gerade in den oberen Reihen der Hierarchie noch immer eine tiefsitzende Skepsis gegenüber digitaler Kommunikation. Das sei ja eigentlich keine reale Kommunikation, weil sie »nur virtuell« stattfinde und da keine wirklichen Menschen aus Fleisch und Blut einander gegenübersitzen, hört man oft.

Und wenn einmal vereinzelt Bischöfe den Weg in die Sozialen Medien finden, dann nutzen sie das Netz meist dazu, ihre Predigten zu verbreiten oder mehr oder minder schlaue Weisheiten von sich zu geben. Echte Kommunikation auf Augenhöhe, die gerade in den Social Media unerlässlich ist, findet kaum statt.[2] Dabei leben Facebook, Twitter, Instagram und andere Soziale Netzwerke gerade davon, dass es hier keine einseitige Kommunikation gibt, sondern echten, lebendigen Dialog. Ein Dialog, bei dem ich mich als Nutzer mitunter auch verletzlich und angreifbar mache. Kurzum: eine Kommunikation, bei welcher der Mensch hinter der Maschine sichtbar wird. Es sind eben doch Menschen aus Fleisch und Blut, die hier miteinander kommunizieren.

Die Grundthese dieses Buches ist daher: Es gibt nur ein Leben, nur eine Wirklichkeit. Viele Menschen unterscheiden zwischen dem »virtual life«, dem virtuellen Leben im Internet und in den sozialen Netzwerken, und dem »real life«, dem Leben, wie es »wirklich« gelebt wird. Dabei ist dann das virtuelle Leben irgendwie defizitär, weniger real als das reale. Denn im realen Leben begegne ich ja »echten« Menschen, während im Internet Begegnung nur über den Bildschirm vermittelt stattfinden kann. Ich halte diesen Gegensatz für konstruiert. Meine feste Überzeugung ist, dass dieses Leben nur eines ist, das sich mal in der physischen, mal in der virtuellen Welt abspielt. Auch in der virtuellen Welt handeln reale Menschen - mit ihren Sorgen und Ängsten, mit ihren Talenten und ihren Schwächen. Und in der Regel ist es auch so, dass meine Handlungen in sich kongruent sind, egal ob ich sie in der physischen Welt oder im Netz ausführe.

Ganz konkret merke ich das, wenn sich diese beiden Welten verbinden. Während der Flüchtlingswelle 2015 ist die Hilfe zu großen Teilen in den Sozialen Netzwerken organisiert worden, die hier ihrem Namen alle Ehre gemacht haben. Unter dem Hashtag[3] **#RefugeesWelcome** hat sich eine ergreifende Solidarität Bahn gebrochen. Menschen haben sich über das Netz verabredet, wo Hilfe gebraucht wird, was zu tun ist, was an Sachspenden noch vonnöten ist. Natürlich gibt es auch das gegenteilige Extrem der Hetze und der Hatespeech, die sich im Netz organisiert und sich dann unter Umständen in der physischen Welt entlädt – der Mord am Kasseler Regierungspräsidenten Walter Lübcke ist ein extremes, trauriges Beispiel. Aber im Grunde bestätigt genau das meine These von der einen Welt, die in den verschiedenen Ausprägungen miteinander verbunden ist, ex negativo.

In meinem persönlichen Leben haben sich einige Freundschaften der letzten Jahre im Netz entwickelt. Menschen, die ich mittlerweile auch physisch treffe, habe ich zunächst in den Sozialen Netzwerken kennengelernt. Wir haben einander sozusagen gefunden, waren aneinander interessiert, nahmen und nehmen Anteil am Schicksal des jeweils anderen.

Schließlich erleichtert Social Media auch meine Arbeit. Gerade in der Corona-Krise der letzten Monate haben viele den Segen und Nutzen der Digitalisierung entdeckt. Homeoffice, Videokonferenzen, schnelle Rückfragen über verschiedenste Kanäle – all das ist mit nur wenigen Klicks möglich. Natürlich erfordert das auch ein hohes Maß an Selbstdisziplin. Deshalb gehört zum Beispiel Medienkompetenz in den verschiedenen Ausbildungsgängen dazu, auch in den klösterlichen. Es müssen jeweils passende Antworten auf diese und ähnliche

Fragen gefunden werden: Wie gehe ich mit den Sozialen Medien um? Wo sehe ich Chancen? Was sind persönlichkeitsbedingt Fallstricke, auf die ich achten muss? Wie unterscheide ich Wichtiges von Unwichtigem? Wie teile ich meine Zeit gut ein? Und aufs klösterliche Leben bezogen: Auf welche Weise wird durch das Internet die Klausur, der geschlossene Raum einer Klostergemeinschaft (und das lässt sich teils auch auf Familien und andere Gruppen übertragen) beeinflusst? Wo und wie hält die Welt Einzug in meinen inneren Bereich, wo hilft mir das und wann muss ich mich davor schützen?

Dieses Buch hat noch einen anderen Schwerpunkt, der sich daraus ergibt, dass ich als Mensch zwei »Berufungen« sehe, denen ich in meinem Leben folge und die ich miteinander zu verbinden suche. Sie stehen häufig in Spannung zueinander. Im Grunde sind es Berufungen, die im Leben eines Missionsbenediktiners grundgelegt sind. Denn ihm ist es aufgegeben, das Leben als Mönch, gebunden an eine Gemeinschaft, der er ein Leben lang die Treue verspricht, und als Missionar, gesandt in die Welt, miteinander zu verbinden.

Auf der einen Seite bin ich also Mönch. Ich lebe seit über zwanzig Jahren in der Benediktinerabtei Königsmünster in Meschede im schönen Sauerland. Dort bin ich verwurzelt. Auf diese Gemeinschaft habe ich meine Profess abgelegt, also mein Versprechen, hier ein Leben lang zu bleiben. Hier versuche ich, das zu leben und im Heute zu aktualisieren, was Benedikt von Nursia in seiner Mönchsregel beschreibt, einer »kleinen Regel für Anfänger« (RB[4] 73,8), als die er sie in seinen eigenen Worten definiert.

Auf der anderen Seite bin ich Missionar. Nicht nur durch meine Aufgabe als Missionsprokurator meines Klosters, der für die missionarischen Belange seiner Gemeinschaft verantwortlich ist. Auch nicht nur durch meine vielfältigen Kontakte in unsere Kongregation, die sich durch Aufenthalte in anderen Klöstern und durch die Teilnahme an vielen internationalen Treffen gebildet haben.

Seit einigen Jahren bin ich zudem für den ganzen Bereich der »Social Media«, der Sozialen Medien unseres Klosters verantwortlich. Neben unserer Website betreue ich den Facebook-, Twitter- und Instagram-Account der Abtei Königsmünster. Ich bin zertifizierter Social-Media-Manager, habe vor einigen Jahren dazu eine berufsbegleitende Ausbildung absolviert. Aber das alles ist für mich mehr als nur ein Job, es ist eine Berufung.

Auch privat bin ich in den Sozialen Medien unterwegs – als Mönch und als Missionar erkennbar. Dadurch haben sich schon viele Begegnungen ergeben, die im Alltag ohne Social Media so nicht möglich gewesen wären und in denen sich verschiedene Welten miteinander verbinden. Von solchen Begegnungen möchte ich in diesem Buch erzählen. Von Chancen, die sich in diesem weiten

Feld missionarischer Arbeit auftun, aber auch von kritischen Anfragen, mit denen ich in meiner Arbeit immer wieder konfrontiert bin. Den einzelnen Kapiteln liegt keine besondere Ordnung oder Systematik zugrunde, es sind vielmehr »Unterbrechungen«. Und in diesem Sinne ist es, wie es der Theologe Johann Baptist Metz einmal formulierte, die »kürzeste Definition von Religion«.

Dieses Buch bietet auch keine fertigen Lösungen und Patentrezepte an. Ich kenne keine allgemeingültige Anleitung für einen guten Umgang mit Internet und Sozialen Medien. Dafür sind wir Menschen zu unterschiedlich. Aber ich kann aus meiner Erfahrung und aus der klösterlichen Tradition heraus vielleicht einige Hinweise geben, was beachtenswert ist, Schlaglichter werfen, die den ein oder anderen Aspekt erhellen können – eben »Unterbrechungen«, die zum Einfallstor werden können für das, was uns übersteigt. Denn es ist meine feste Überzeugung, dass der Geist auch durch Bits und Bytes wehen kann.

Digitale Beziehungen sind reale Beziehungen

Der Begriff der »Sozialen Netzwerke« deutet schon an, dass es hier um Beziehungen geht, um Beziehungsmanagement und Beziehungspflege. Der Mensch ist von Natur aus ein soziales Wesen, wie uns die Philosophen lehren, einer, der auf Gemeinschaft hin angelegt ist und der gar nicht anders kann, als zusammen mit anderen zu existieren. Am Beginn jedes menschlichen Lebens ist das kleine Kind abhängig von anderen, von der Liebe und Fürsorge seiner Eltern. »Der Mensch wird am Du zum Ich«, so sagt es der jüdische Religionsphilosoph Martin Buber: »Jedes menschliche Leben ist Begegnung.«

Und auch der Begriff des Netzwerks zeigt deutlich, worum es geht: Jeder Mensch existiert in solchen Netzwerken beziehungsweise baut während seines Lebens verschiedene Netzwerke auf: berufliche, private, internationale ... »Networking« ist zu einem beliebten Wort geworden, um Beziehungspflege zu beschreiben.

Auch die Sprache der Sozialen Netzwerke ist aufschlussreich. In »Facebook« steckt beispielsweise das Wort »face«, das menschliche Gesicht. Es geht darum, Gesicht zu zeigen. Ich verbinde mich hier mit »Freunden« – Freundschaft ist allerdings noch einmal ein eigenes Thema und kann nicht so einfach auf die Unmenge an »Freunden« übertragen werden, die sich im Lauf eines Lebens bei Facebook ansammeln. Ich bevorzuge es daher, hier eher von Bekannten zu sprechen. Facebook hat sogar eigene Begrifflichkeiten hervorgebracht: So spricht man vom »Entfreunden«, wenn man einem Menschen die Facebook-Freundschaft aufkündigt – was mit einem Klick möglich ist. Twitter und Instagram haben da eine andere Sprache. Hier sind es die »Follower«, also Menschen, die mir folgen, die sich für mich und das, was ich von mir preisgebe, interessieren. Ebenso kann ich anderen Menschen (und auch Institutionen) »folgen«, für die ich mich interessiere. Es stehen also eher die Interessen, die mich mit anderen verbinden, im Vordergrund.

Wenn ich meine eigene Freundesliste auf Facebook anschaue, kann ich sagen, dass die meisten Menschen, mit denen ich mich dort verbunden habe, mir tatsächlich auch schon im Leben jenseits von Facebook bekannt waren – einige von ihnen würde ich hier ebenfalls meine Freundinnen und Freunde nennen (Facebook verwendet den Begriff »enge Freunde«), andere sind eher Schulkameraden, mit denen ich in Kontakt bleiben möchte, oder Menschen, die mir in den verschiedensten beruflichen Zusammenhängen begegnet sind. Ganz wenige Facebook-Freunde sind dabei, die ich außer auf dieser Plattform noch nie gesehen habe. Das zeigt schon deutlich, dass für viele Menschen Facebook und andere Soziale Netzwerke nur ein Instrument unter anderen zur Beziehungspflege sind. Facebook wird dazu genutzt, den Kontakt mit Menschen zu halten, die man sonst schnell aus dem Blick verlieren würde, weil sie weit weg wohnen oder die jetzigen Lebensumstände so sind, dass man sich nicht persönlich treffen kann. Bei den »Freunden« auf Facebook gibt es durchaus Unterschiede - wie auch sonst. Nicht jeder meiner »Freunde« kann jeden Beitrag lesen, den ich dort poste. Jeder kann seine Einstellungen so anpassen, dass es bestimmte Kreise je nach Verbundenheit gibt, mit denen ich bestimmte Interessen teile.

Und dann erlebe ich immer wieder den gegenteiligen Fall, dass ich Menschen, die ich zunächst nur über die Sozialen Netzwerke kennengelernt habe, auch im sogenannten realen Leben treffe - sei es, dass wir uns auf einer Tagung begegnen, im Fußballstadion oder, was auch schon vorgekommen ist, sie mich im Kloster besuchen. Und bei einigen ist aus der flüchtigen Bekanntschaft bei Facebook und/oder Twitter eine echte Freundschaft geworden, welche »reale« und »virtuelle« Welt miteinander vereint. So ist es mittlerweile eine schöne Tradition, dass wir uns zu dritt mindestens einmal im Jahr an den verschiedenen Lebensorten treffen und ein Wochenende miteinander verbringen. Und manchmal kommen spontan noch andere dazu, die von unseren Treffen, die wir in den Social Media natürlich auch vorbereiten und von denen wir erzählen[5], gelesen haben und sagen: »Hey, ich habe gerade Zeit und bin in der Stadt. Sollen wir uns nicht auf einen Kaffee treffen?« Das ist mir übrigens schon oft passiert, wenn ich zu einer Tagung unterwegs bin und einen längeren Aufenthalt (bedingt durch Bahnverspätungen) habe, dass da ganz spontan kurze Begegnungen in der Kaffeebar am Hauptbahnhof möglich sind. Die Twitterwelt hat für diese kurzen, spontanen Begegnungen den Begriff **#Tweetup** erfunden, also ein Update auf eine bestimmte Kommunikation bei Twitter in der Welt jenseits von Twitter. Der ehemalige Abt von Einsiedeln, Martin Werlen OSB, einer der kirchlichen Twitternutzer der ersten Stunde[6], hat das Wort »Tweetup« in »TweetAbt« umgewandelt: Triff den Abt im Zug, am Bahnhof, in der Kneipe!

Aber auch Beziehungen, die sich zunächst in der digitalen Welt abspielen, sind von Anfang an genauso reale, wirkliche Beziehungen, denn es sind ja reale Menschen aus Fleisch und Blut, die dort miteinander kommunizieren. Ich erlebe es immer wieder, wenn ich Menschen treffe, die ich zuvor nur aus dem Netz kannte, dass die Unterschiede gar nicht so groß sind; so, wie ich mich im Netz präsentiere, so bin ich normalerweise auch als

Person »in echt«. Der »garstige Graben«, den so manche zwischen realen und virtuellen Begegnungen produzieren wollen, könnte vielleicht eher ein kleines Bächlein sein - wenn er denn überhaupt existiert.

Gefällt mir? Gefällt mir!

Ein wichtiges Mittel, um in den Sozialen Medien seine Zustimmung zu einem Beitrag auszudrücken, ist der sogenannte Like-Button, der einen erhobenen Daumen zeigt. Das bedeutet: »Mir gefällt das, was du geschrieben hast; ich stimme mit dir überein.« Ein vermeintlich kleiner Klick, der dennoch große Auswirkungen haben kann.

So sorgte im Oktober 2019 ein »Like« des deutschen Fußballnationalspielers Ilkay Gündogan im Sozialen Netzwerk Instagram für Furore. Ein türkischer Fußballer hatte ein Bild vom Torjubel seiner Mannschaft nach einem gewonnenen Länderspiel hochgeladen. Das Heikle dabei war, dass dieser Jubel eindeutig militaristische Gesten beinhaltete, die sich auf die vom türkischen Präsidenten Recep Tayyip Erdogan angeordnete Invasion türkischer Truppen in Syrien bezogen. Der türkischstämmige Gündogan drückte nun den »Gefällt mir«-Button und machte so seine Zustimmung zu diesem Bild öffentlich. Die Frage, die im Folgenden kontrovers diskutiert wurde, war: Inwieweit dürfen Personen des öffentlichen Lebens sich bei einem so brisanten Thema zustimmend äußern? Gündogan selbst rechtfertigte sich damit, dass seine Zustimmung keineswegs politisch gemeint war und dass er die Invasion der türkischen Truppen nicht billige, sondern es sich hier eher um den Zuspruch an einen Freund handele, dem er sich verbunden fühle.

An dieser Begebenheit wird deutlich, wie sehr in den Sozialen Medien Selbstwahrnehmung und Fremdwahrnehmung auseinanderklaffen können. Ein einziger Klick, der keine fünf Sekunden braucht, kann ganz unterschiedlich, ja völlig konträr interpretiert werden. Und gerade bei Menschen, die im öffentlichen Leben stehen, kann diese Diskussion schnell ungeheure Ausmaße annehmen - all das bedingt durch die Schnelligkeit des Internets. Ilkay Gündogan machte das betreffende »Gefällt mir« rückgängig, aber die Debatte ließ sich damit nicht so einfach aus der Welt schaffen. Was einmal im Internet gepostet ist beziehungsweise wie in diesem Fall nur »geliked«, ist in der Welt und wird in irgendeiner Weise dort immer eine Spur hinterlassen. Die Dynamik der Sozialen Medien kann manches Mal erbarmungslos sein und hat manchen schon den Job gekostet. »Das Internet vergisst nicht«, lautet eine Binsenwahrheit.

Das betrifft nicht nur Personen des öffentlichen Lebens. Es ist durchaus schon vorgekommen, dass ganz normale Menschen ihren Job verloren haben, weil sie mit einem kleinen Klick in den Sozialen Medien gezeigt haben, dass ihre Meinung nur schwer vereinbar ist mit den Grundsätzen der Firma, in der sie arbeiten.

In der Kirche ist das noch einmal offensichtlicher. Wenn ich als Mönch, ja als Christ allgemein anfange, Beiträge auf rassistischen oder rechtspopulistischen Seiten zu liken oder Verschwörungstheorien weiterzuverbreiten, dann ist das kaum in Einklang zu bringen mit der christlichen Botschaft der Nächstenliebe, die keine Grenzen kennt. Und auch wenn ich ein »Gefällt mir« damit begründe, dass ich freundschaftliche Beziehungen zu demjenigen pflege, der diesen Beitrag geschrieben hat, bleibt doch ein schaler Beigeschmack.

Die Social Media sind in diesem Sinn nicht mein reines Privatvergnügen, sondern mit allem, was ich dort von mir gebe - und sei es auch nur eine Gefühlsbekundung wie das Drücken des »Gefällt mir«-Button - stehe ich zumindest in einer Teilöffentlichkeit. Nicht alles, was mir gefällt, muss ich auch öffentlich verlautbaren.

Auch im »wirklichen« Leben mache ich mir Gedanken darum, was ich anziehe, was ich wem erzähle oder wen ich in meine privaten Räume lasse. Im Netz habe ich, ob ich es will oder nicht, automatisch eine größere Reichweite. Ich kann zwar meine Privatsphäreeinstellungen so regeln, dass nicht alle jedes Posting lesen können – und doch sollte mir klar sein, dass die Reichweite im Netz stärker ist als im »echten« Leben.

Ein Bekannter von mir hat einmal die Sozialen Netzwerke mit einem Restaurant oder einem Kaffeehaus verglichen, wo verschiedene Gruppen von Menschen mehr oder weniger weit auseinander zusammensitzen. Und da werde ich auch nicht Details aus meinem intimsten Privatleben laut herausschreien, weil die Gefahr groß ist, dass es die Leute am Nachbartisch oder der vorbeilaufende Kellner »mithören« (das kann dann im Restaurant manches Mal zu peinlichen Situationen führen, wenn ich gezwungen bin, Details des Familienlebens anderer Menschen zu hören).

Ein ähnliches Beispiel aus dem »realen« Leben ist das laute Telefonieren des Mitreisenden im ICE, entweder, weil er ein »lautes Organ« hat oder weil er mit dem Telefongespräch die eigene Wichtigkeit betonen muss. Selbstdarstellung und eine Überhöhung der eigenen Person kommen auch in den Sozialen Netzwerken vor. Hier kann vielleicht der geistliche Gedanke hilfreich sein, dass ich nicht um jeden Preis die eigene Bedeutsamkeit zur Schau stellen muss, weil ich von Gott her schon vor aller Selbstdarstellung »jemand bin«, wichtig und wertvoll in seinen Augen.

Die genannten Beispiele zeigen übrigens schön, dass es hier nicht um ein Schwarz-Weiß-Denken geht – auf der einen Seite die »gute reale Welt«, auf der anderen Seite das »böse Internet« –, sondern um generelle Umgangsformen in den unterschiedlichen Kontexten, in denen ich lebe, sei es im Netz, sei es im physischen Zusammensein mit Menschen. Und solche Umgangsformen kann ich nur im Zusammensein mit anderen lernen – ob im »realen« oder im »virtuellen« Leben.

Trikots für Tansania

Ich arbeite in meinem Kloster als Missionsprokurator, das heißt, ich bin zuständig für die Kontakte zu unseren jungen Gemeinschaften in Afrika, Asien und Südamerika. Wir gehören in Meschede den sogenannten Missionsbenediktinern an, die Ende des 19. Jahrhunderts gegründet wurden und die Lebensform des Mönchtums, des Lebens im Kloster mit missionarischen Aktivitäten zusammenbringen wollten.

Wenn wir heute das Wort »Mission« hören, haben die meisten Menschen allerdings zunächst negative Assoziationen. Hier belastet uns in der Kirchengeschichte – und durchaus auch in der eigenen Geschichte unserer Kongregation – ein Verständnis dieses Begriffs, das zu oft mit einem Überheblichkeitsdenken der Europäer gegenüber Menschen anderer Kulturen und Religionen, mit Kolonialismus und Imperialismus einherging. Viele reden daher heute auch innerhalb der Kirche nicht mehr von Mission, sondern lieber von Entwicklungshilfe, Dialog, Diakonie und Ähnlichem.

All das sind sicher wichtige Aspekte, aber ich möchte hier dennoch am Begriff »Mission« festhalten. Mission bedeutet im lateinischen Wortsinn schlicht und einfach »Sendung« und geht zunächst einmal darauf zurück, dass Gott seinen Sohn zu den Menschen gesandt hat - ein Ereignis, das wir jedes Jahr an Weihnachten feiern. Gottes Sohn, der als Mensch unter Menschen gelebt hat, hat seine ersten Jünger ebenfalls zu den Menschen gesandt, um ihnen das Evangelium, wörtlich die »Frohe Botschaft« vom nahegekommenen Reich Gottes in Wort und Tat zu verkünden (vgl. Markus 1,15).

Diesem urbiblischen Verständnis von Mission - den Menschen die Frohe Botschaft vom Reich Gottes, die Liebe Gottes in Wort und Tat zu verkünden - fühlen die Missionsbenediktiner sich bis heute verpflichtet. Dazu gehört zunächst einmal die einfache Präsenz der Klöster, das heißt das Dasein, das Leben mitten unter den Menschen, um ihnen durch das Beispiel gelebter Gemeinschaft davon zu erzählen, wie Gott ist. In einem wichtigen nächsten Schritt gehören dann alle missionarischen Aktivitäten dazu, die zum Aufbau des Reiches Gottes beitragen, dem Menschen an Leib und Seele dienen und seine Würde betonen: Die Ausbildung von Kindern und Jugendlichen, das Gesundheitswesen, die Aufnahme von

Gästen, das Lindern materieller Not, die seelische Begleitung Hilfesuchender – und auch die Begleitung der Menschen in den Sozialen Netzwerken.

Und in diesem Sinn von »Mission« habe ich ein sehr schönes Beispiel erlebt, das ohne die Sozialen Medien nicht möglich gewesen wäre: 2017 erreichte mich eine Anfrage des Leiters der Berufsschule der Abtei Ndanda im Süden Tansanias, der für seine Auszubildenden ein Set von Fußballtrikots suchte. Fußball ist in ganz Afrika eine sehr beliebte Freizeitbeschäftigung. Schon von klein auf kicken sich die Kinder und Jugendlichen häufig Bälle zu, die sie aus dem zusammenbasteln, was sie finden, und auf den Straßen sieht man immer wieder Menschen in den Trikots der weltbekanntesten Fußballspieler und -mannschaften. Über Twitter nutzte ich meine Kontakte, die ich in das Fanumfeld des SV Sandhausen hatte, eines »Dorfvereins« bei Heidelberg, wie man auf der Homepage lesen kann, der sich mit kleinem Budget bis dahin schon fast zehn Jahre in der Zweiten Fußballbundesliga halten konnte. Mein Hintergedanke dabei war, dass es bei kleineren Vereinen sicher einfacher sein würde als bei den großen Playern wie Bayern oder Dortmund, mit meinem Anliegen Gehör zu finden. Nichtsdestotrotz machte ich mir ehrlich gesagt wenig Hoffnungen auf eine Antwort, wenn man die Fülle von solchen und ähnlichen Anfragen bedenkt, die bei den Fußballvereinen für wohltätige Zwecke eingehen.

Umso überraschter war ich, dass ich nach drei Tagen einen Anruf von der Geschäftsstelle des SV Sandhausen erhielt, in dem mir eine freundliche Mitarbeiterin sagte, dass meine Anfrage positiv aufgenommen wurde und die Jugendabteilung des Vereins drei komplette Trikotsätze für die Jugendlichen der Berufsschule in Tansania spenden würde. Nach einigen Telefonaten und E-Mails zwischen Meschede und Sandhausen war alles in trockenen Tüchern, und es fand dann auch eine kleine Übergabe auf dem Rasen des Stadions in Sandhausen statt. Mittlerweile sind alle Trikots an ihrem Bestimmungsort angekommen, und die Jugendlichen der Abtei Ndanda spielen ihre Turniere nicht in Trikots des FC Bayern München oder Real Madrid, sondern im Outfit des SV Sandhausen – allein das ist schon ein »Hingucker« und quasi ein Alleinstellungsmerkmal in Afrika. Der ganze Prozess der Übergabe und des weiteren Transports der Trikots durch die eigenen Mitbrüder, die immer wieder einen Teil bei ihren Reisen mitnehmen konnten, ist eifrig in den verschiedenen Sozialen Medien dokumentiert und begleitet worden.

Ich finde, diese Geschichte zeigt sehr schön, dass virtuelles und reales Leben eben nicht unverbunden nebeneinanderstehen, sondern beide sich gegenseitig befruchten können. Die Anfrage ist komplett über die Kommunikationskanäle der verschiedenen Social Media gelaufen. Dabei ist es aber nicht geblieben. Die Kontakte über die Sozialen Medien sind quasi übergegangen in die Welt jenseits derselben: Bestehende Kontakte wurden intensiviert, und neue sind dazugekommen. In der Zwischenzeit gab es so manchen Stadionbesuch, und der SV Sandhausen kann sich über mindestens einen Mönch als neuen Fan freuen ...

Wie Social Media meine Arbeit erleichtert

Das Beispiel der Trikots für Tansania zeigt sehr deutlich den alltagspraktischen Wert der Sozialen Kommunikationsmöglichkeiten. Sie dienen nicht nur dem »Fun« und der Entspannung und Zerstreuung, sondern erleichtern die Arbeit, sind heute bevorzugte Arbeitswerkzeuge geworden. Es hat sich sogar eine ganze Bandbreite an neuen Berufen daraus gebildet: Social Media ManagerIn, Web Content ManagerIn, Online Marketing ManagerIn ...

Ich selbst habe eine mehrmonatige berufsbegleitende Ausbildung gemacht, sodass ich mich ganz offiziell zertifizierter »Social Media Manager« nennen darf. In diesen Ausbildungsgängen wird das praktische Handwerkszeug vermittelt, das im professionellen Umgang mit den Sozialen Medien schulen soll: Welche Plattformen gibt es? Welche eignen sich besonders für meinen Berufszweig? Welche rechtlichen Aspekte sind zu beachten? Wie kann ich marketingtechnisch in den Social Media unterwegs sein? Wie kann ich den Erfolg meiner Maßnahmen konkret messen, also: Was bringt der Einsatz der Social Media?

Als Missionsprokurator, der weltweit Kontakte zu vielen Mitbrüdern und in unterschiedlichste Länder pflegt, erleichtert der Einsatz dieser Medien meine Arbeit ungemein. Früher dauerte es auf dem Postweg mindestens zwei Wochen, bis ein Brief aus einem Missionsland in Deutschland seinen Bestimmungsort erreichte – oder umgekehrt. Heute kann ich innerhalb von Minuten, gleichsam in Echtzeit, wichtige Informationen versenden, für Projekte werben, um Spenden bitten. Wenn ich von einem bestimmten Projekt Fotos brauche, kann ich dem Verantwortlichen im Projektland schnell eine E-Mail schreiben. Und wenn ich weiß, dass jemand selten in seine Mails schaut, dafür aber umso aktiver auf Facebook ist, sende ich ihm eine Privatnachricht in diesem Netzwerk und bitte ihn um das Benötigte. Auch die Menschen, die sich für unsere missionarische Arbeit interessieren – früher nannte man sie WohltäterInnen – kann ich über Social Media viel einfacher mit aktuellen Informationen auf dem Laufenden halten. Die Printpublikationen haben oftmals nicht diesen hohen Aktualitätswert und dienen heute eher einer zusammenfassenden, manchmal auch tiefergehenden Berichterstattung.

Zudem erleichtert das Netz die Spendenwege. Über ein Onlineportal unserer Bank können Menschen mit zwei Klicks im Netz direkt für unsere Projekte spenden, und auch Facebook bietet für offizielle Seiten einen Button an, über den Menschen zum Beispiel an ihrem Geburtstag oder im Rahmen eines Jubiläums selbst Spenden für unsere Organisation sammeln können. Hier ist der Sicherheitsstandard, den Facebook bietet, naturgemäß sehr hoch. Mittlerweile hat unsere Kongregation der Missionsbenediktiner einen eigenen Facebookauftritt (www.facebook.com/themissionarybenedictines), wo eine interessierte Öffentlichkeit sich über die weltweiten Aktivitäten informieren und mit uns in Verbindung bleiben kann.

Wie der Name der Sozialen Netzwerke schon sagt, geht es bei all dieser Arbeit um Networking: Netzwerke zu schaffen von Mitbrüdern, Freundinnen und Freunden, Wohltäterinnen und Wohltätern, die mit uns in Verbindung bleiben möchten. Im Wappen der Kongregation von St. Ottilien findet sich im unteren Bereich ein Netz, das auf genau diese Zielsetzung hinweist: Netzwerke zwischen Menschen zu knüpfen, die miteinander über Raum und Zeit hinweg verbunden sind und bleiben. Nichts anderes hat Paulus in der Frühzeit der Christen mit seinen Missionsreisen und den Briefen, die er an die Gemeinden gesandt hat, zum Ziel gehabt. Er wollte Verbindungen schaffen und halten, wo er selbst nicht bei den Menschen anwesend sein konnte. Dazu hat er alle ihm verfügbaren

Mittel genutzt – in einer Zeit, in der Reisen anstrengend und oft lebensgefährlich war und Briefe mehrere Monate brauchten, um über Boten ihr Ziel zu erreichen. Hätte es damals schon die Sozialen Kommunikationsmittel gegeben, Paulus hätte sie wohl auch genutzt, um seine Botschaft an die Frau und den Mann zu bringen.

»Das Netz menschlicher machen« – das ist für mich ein Satz, der mir bei meiner Präsenz in den Sozialen Medien wichtig geworden ist. Mission durch Präsenz, das ist seit den Zeiten der frühen Kirche eine wichtige Methode der Verkündigung gewesen. Und dabei meinte Verkündigung nicht so sehr das Reden und Predigen, sondern das alltägliche, gemeinsam gestaltete Leben. Das wurde in der Antike deutlich, weil die Menschen damals die Christen vor allem an der Diakonie erkannten, also an ihrem Umgang mit Kranken und Alten, für die damals wenig gesorgt war. Das gesamte Krankenhauswesen, wie wir es heute kennen, ist von engagierten Christinnen und Christen aufgebaut worden. Diakonia, der Dienst am Menschen, gehört zu einem Grundmerkmal von Kirche – und früher war er sogar das wesentliche Unterscheidungskriterium, das entscheidend und unterscheidend Christliche. Das gilt für mich auch heute: Diakonia, die gelebte Menschlichkeit und Nächstenliebe, muss auch im Netz Ausdruck finden. Ich finde es erschreckend, mit welcher Vehemenz Christen einer und derselben Konfession in den Kommentarspalten kirchlicher Internetseiten aufeinander einschlagen und einander den rechten Glauben absprechen – das gilt für »Konservative« und »Progressive« gleichermaßen. Gerade als Christen sollten wir uns da auf das grundsätzlich Christliche, das unterscheidend Christliche zurückbesinnen und ein anderes Bild abgeben.

Menschlichkeit ist übrigens jedoch ganz sicher keine spezifisch christliche Tugend – gerade im Netz entdecke ich gelebte Menschlichkeit und Solidarität oft bei dezidierten Nichtchristen. Hier tun sich für mich viele Wege der Zusammenarbeit auf – gerade die Flüchtlingskrise hat das deutlich gezeigt. Ich finde es immer wieder berührend, wie viele seelsorgliche Anfragen ich bekomme, auch wenn ich gar nicht groß verkündend im Netz auftrete, sondern schlicht und einfach versuche, das zu leben, was ich von der christlichen Botschaft verstanden habe. Und das gelingt auch mir nicht immer. Jeder macht Fehler oder schreibt im Überschwang auch schon mal Dinge, die besser nicht geschrieben worden wären. Paul VI. meinte in seinem Apostolischen Schreiben **Evangelii Nuntiandi**: »Die Welt hört nicht so sehr auf Lehrer als auf Zeugen; und auf Lehrer hört sie nur, wenn sie auch Zeugen sind.«

#RefugeesWelcome, #PortesOuvertes und #bedforawayfans – das menschliche Gesicht von Twitter

»Wir schaffen das!« – wer erinnert sich nicht an diese Worte von Angela Merkel, gesprochen auf dem Höhepunkt der Flüchtlingskrise 2015, als sie sich dazu entschied, die Grenzen für die unzähligen Menschen in Not zu öffnen? Sie ist dafür häufig kritisiert worden, dabei hat sie damals nur so gehandelt, wie man es von einer Politikerin einer christlichen Partei erwarten darf: menschenfreundlich in einer Notlage zu reagieren. In jenen Tagen zeigte Deutschland sein freundlichstes Gesicht: Menschen strömten zu den Bahnhöfen, hießen die ankommenden Flüchtlinge mit Applaus und Jubel willkommen, verteilten Essen und Getränke und Teddybären für die Kinder. Ja, damals musste man sich nicht schämen, aus Deutschland zu kommen. Leider ist schon bald viel von dieser ersten Begeisterung verlorengegangen: Jene, die damals spontan geholfen hatten, wurden als »Bahnhofsklatscher« und »Gutmenschen« diffamiert, und neben der Hilfsbereitschaft vieler Menschen offenbarte die Flüchtlingspolitik der damaligen Bundesregierung auch tiefsitzende Ängste bei anderen, selbst zu kurz zu kommen – was wiederum den Aufstieg rechtspopulistischer Parteien begünstigte, die die Sozialen Medien für ihre Stimmungsmache nutzen.

Nichtsdestotrotz hat sich vor fünf Jahren ein Großteil der Flüchtlingshilfe über das Netz organisiert. Unter dem Hashtag **#RefugeesWelcome** konnten Menschen mitteilen, was an welchen Orten notwendig ist, was zu einer effektiven Hilfe noch fehlt: Decken, Kleidung, Kaffee, Nahrungsmittel ... Die Helferinnen und Helfer konnten sich darüber auch verabreden, zu einem bestimmten Treffpunkt zu kommen, wo noch Not am Mann beziehungsweise der Frau war. Mittlerweile hat sich der Hashtag **#RefugeesWelcome** zu einem politischen Statement entwickelt und symbolisiert eine Kultur, die dem Christentum seit seinen Anfängen tief eingeschrieben ist: Jeder Mensch ist willkommen, ganz besonders aber die Armen, Bedrängten, Notleidenden und Verfolgten; in ihnen erkennt der Christ Jesus Christus selbst (vgl. Matthäus 25,31–46).

Es sind immer wieder diese Oasen der Menschlichkeit, die für mich das große Potenzial und die verbindende Kraft der Sozialen Medien zeigen. Hier werden sie ihrem erklärenden Adjektiv gerecht, zeigen sich als sozial, bringen unterschiedliche Menschen zusammen. Natürlich wird das auch ex negativo deutlich, also auf der negativen, zerstörerischen Kehrseite, wenn sich Menschen gegen andere zusammentun, sie diffamieren, bedrohen bis hin zum Aufruf zum Mord. Leider sind es meistens diese negativen Extrembeispiele, die in den Medien Erwähnung finden. Darüber sollten wir aber die positiven Beispiele gelebter Menschlichkeit mitten in einer bedrohten Welt nicht vergessen. Ich möchte hier noch einige weitere nennen, die vor allem, aber nicht nur der Welt des Fußballs entnommen sind. Gerade diese Welt verbinden viele beim oberflächlichen Hinsehen nicht unbedingt mit Empathie und Menschlichkeit.

Am 13. November 2015 wurde Paris von mehreren terroristischen Anschlägen beziehungsweise von einem Anschlag, der sich an mehreren Orten manifestierte, bis ins Mark erschüttert. Diese Anschläge ereigneten sich an Orten des öffentlichen Lebens, wo viele Menschen zusammenkamen, um miteinander zu feiern oder gemeinsamen Interessen nachzugehen: in einem Fußballstadion, einem Theater und mehreren Bars. Die Strategie der Terroristen war offensichtlich, mit diesen Angriffen die westliche Gesellschaft und ihre Werte zu treffen, unter anderem das Leben in Freiheit, zu dem auch freizeitliche

Vergnügungen gehören. Die meisten Menschen haben, wie ich selbst, diese Attacken bei der Übertragung des Fußballspiels Frankreich gegen Deutschland live miterlebt, als auf einmal zwei heftige Detonationen zu hören waren. Es schien sich dabei nicht um sogenannte Pyrotechnik zu handeln, die von einigen Fangruppen eingesetzt wird, dafür waren die Explosionen zu laut - und man sah auch keinen Rauch aus den Fanblöcken aufsteigen. Die Ratlosigkeit und Unsicherheit der Reporter waren hautnah zu spüren, sie wussten wie viele andere nicht, was passiert war, ahnten, dass es nicht um etwas Harmloses ging - dafür war es eben zu laut gewesen. Sie hatten aber zunächst ihren Job zu erledigen, nämlich das Fußballspiel weiter zu kommentieren. Wie das heutzutage bei Katastrophen so ist, liefen in Echtzeit viele Informationen auf den Sozialen Netzwerken zusammen, darunter nicht nur bestätigte von offiziellen Nachrichtenportalen, sondern mehr noch Gerüchte, Amateurvideos, Falschmeldungen, erste Nachrichten, dass auch an anderen Orten in Paris etwas passiert war. Nach dem Ende des Spiels durften die Zuschauer, Spieler und Reporter das Stadion bis weit nach Mitternacht nicht verlassen und sammelten sich auf dem Rasen des Stadions.

Mittlerweile gab es neben all den Gerüchten, Spekulationen und (Fehl)Informationen auf Twitter den Hashtag **#PortesOuvertes** (zu Deutsch: offene Türen). Damit boten Menschen in Paris und Umgebung ihren gestrandeten Mitmenschen, die nicht wussten, wo sie in dieser chaotischen Nacht bleiben sollten, ein Quartier an. Sie haben jenen, die im Stadion waren und nicht ins Zentrum von Paris fahren konnten, weil das gerade abgeriegelt war, eingeladen, mit ihnen Kontakt aufzunehmen, und nach Möglichkeiten gesucht, um sie wohlbehalten aus der Gefahrenzone zu bringen und ihnen eine sichere Unterkunft für die Nacht zu geben oder für sie zu finden.

Ein weiteres Beispiel für gelebte Menschlichkeit in und jenseits der Sozialen Netzwerke ist die Aktion **#bedforawayfans** (zu Deutsch: »ein Bett für Auswärtsfans«) auf Twitter. Am 12. April 2017 gab es einen Anschlag auf den Mannschaftsbus von Borussia Dortmund. Die Mannschaft war auf dem Weg zum Champions-League-Spiel gegen den AS Monaco. Als unmittelbare Konsequenz aus dem Anschlag wurde das Spiel abgesagt. Viele Fans von AS Monaco, die nach dem Spiel eigentlich die Heimreise antreten wollten, waren nun in Dortmund gestrandet und brauchten eine Unterkunft für die Nacht. Spontan organisierten sich Menschen über Twitter unter dem Hashtag **#bedforawayfans**, der von BVB-Fans ins Leben gerufen wurde. Darunter boten sie den Fans der gegnerischen Mannschaft ein Bett für die Nacht an. Im Lauf des Abends und der Nacht machten auf Twitter viele Bilder die Runde, auf denen Fans beider Mannschaften bei Pizza, Bier und Burgern in Privatwohnungen friedfertig und einträchtig zusammensaßen und dem Terror trotzten. Auch die Polizei lobte das vorbildliche Verhalten der Fans.[7]

Solche Beispiele gibt es aus ganz unterschiedlichen Bereichen. Da ist die spontane Spendenaktion zu nennen, die einer in Not geratenen alleinerziehenden Mutter hilft, oder die jährliche Wichtelaktion, die eine Twitteruserin ins Leben gerufen hat: Menschen bekommen einen anderen Twitterer zugelost, dem sie eine Weihnachtsüberraschung machen sollen – das zwingt dazu, sich mit einem konkreten Menschen auseinanderzusetzen.

In der Corona-Pandemie entstand der Hashtag **#verbundenbleibentrotzcorona**, der sehr viele kleine Aktionen der Menschlichkeit im Netz beschreibt, die Menschen in Zeiten des Lockdown und der Einsamkeit zusammenbringen.

Eine spontane Idee war der **#SocialCoffee** an jedem Tag zu einer bestimmten Zeit, bei dem sich einige Menschen bei einer Tasse Kaffee digital und dennoch ganz real austauschen und einfach miteinander klönen konnten. In der Adventszeit wurde das auf den **#SocialGlühwein** ausgeweitet.

Das sind nur einige Beispiele, die sich in den Sozialen Netzwerken gerade in Krisenzeiten zeigen. Es gibt viele weitere, im Großen wie im Kleinen. Es liegt an jedem Einzelnen von uns, die wir uns in den Sozialen Medien bewegen, wie diese wahrgenommen werden: als »unsoziale« Medien, wo jeder nur auf seinen Vorteil bedacht ist, oder als wahrhafte »Social Media«, als Orte von

Mitmenschlichkeit und Gemeinschaft. Es liegt an uns, den »Ort« der Social Media menschlicher zu machen, Menschlichkeit und Solidarität zu »teilen«.

Leider gehen gerade die positiven Beispiele für Mitmenschlichkeit und Empathie in den Medien oft unter, denn hier gilt häufig der Grundsatz: »Bad news are good news« – »Schlechte Nachrichten sind gute Nachrichten« für die Quote.

Papst Franziskus hat in seiner Botschaft zum 51. Welttag der Sozialen Kommunikationsmittel im Jahr 2017[8] angemahnt, einmal dezidiert gute Nachrichten zu verbreiten – und damit Hoffnung und Zuversicht. Denn es ist ja gerade unser missionarischer Auftrag, der jedem Christen zukommt und nicht bloß Spezialisten, die »Gute Nachricht« zu verbreiten. Die Dynamik in den Sozialen Medien – und ich kenne das auch von mir selbst – ist es, eher schlechte Nachrichten, Katastrophenmeldungen oder Zitate von rechtspopulistischen Demagogen zu teilen, um sich darüber zu empören. Wie wäre es stattdessen, einmal jeden Tag bewusst gute Nachrichten zu teilen?

Einer meiner Twitterfreunde hat einmal ein wunderbares Experiment gestartet. Er stellte jeden Abend die Frage: »Was hast du heute Schönes erlebt?« Es war berührend zu lesen, wie viele gute Nachrichten da zusammenkamen. Übrigens gehörte jener Bekannter nicht dem christlichen Glauben an, zeigt aber in seinem Leben online wie offline ein hohes Maß an Humanität und Solidarität. Auch das ist für mich ein Beispiel, wie wir im Netz voneinander lernen können – ungeachtet von Religion und Weltanschauung.

Weht der Geist durch Bits und Bytes?

Einige theologische Anmerkungen

Es ist zweifellos wichtig, wenn auch in den Social Media echte Menschlichkeit und Humanität gelebt wird. Allein das macht die Welt zu einem besseren Ort – ganz egal, welcher Religion beziehungsweise Weltanschauung die Menschen angehören, die sich im Netz bewegen. Für mich als Mönch und Theologen ist aber eine weiterführende Frage entscheidend: Sind die Sozialen Medien auch Orte der Geistesgegenwart? Weht auch hier der Geist, der bekanntlich »weht, wo er will« (vgl. Johannes 3,8)? Anders gefragt: Sind die Erfahrungen, die ich beschrieben habe, rein menschliche Widerfahrnisse oder sind sie »Erfahrungen des Geistes«, zeigt sich in und hinter ihnen etwas von dem, was uns übersteigt?

In einer kleinen Meditation analysiert der Theologe Karl Rahner den Begriff der Erfahrung[9]. Er unterscheidet zwischen den vielen Erfahrungen, die ein Mensch im Lauf seines Lebens macht, und einer Urerfahrung, die alle einzelnen zusammenfasst und übersteigt. Das, woran wir bei diesem Begriff zunächst denken, seien viele einzelne Erfahrungen, die Menschen in ihrer Alltagswelt machen. Das können äußere Umstände sein, aber auch innere Emotionen und Gefühle, die sich einstellen, wenn wir über die äußeren Erfahrungen nachdenken, wie Trauer, Schmerz, Freude und so weiter. Was ich in den bisherigen Kapiteln dieses Buches beschrieben habe, sind solche Einzelerfahrungen, die Menschen in ihrem Alltag machen.

Daneben gibt es aber für Rahner eine Erfahrung, die ich als Subjekt mache, als Mensch, der über all dies noch einmal nachdenken kann. Anders und etwas einfacher ausgedrückt (sozusagen Rahner in die Alltagssprache übersetzt): Hinter allen Erfahrungen, die ich mache, liegt eine Grunderfahrung, die mir als Mensch immer schon mitgegeben und die da ist und mich in allem trägt. Theologisch kann man hier von der »Erfahrung des Geistes« sprechen. In allem, was mir als Mensch widerfährt – denn Erfahrungen sind nicht nur etwas, was ich aktiv mache, sondern in wirklichen Erfahrungen liegt immer auch ein passivisches Moment, etwas, das sich mir zeigt, das mir widerfährt – liegt eine Urerfahrung, die mich übersteigt. Diese Erfahrung des Geistes verbinden wir nun, so Rahner, mit der Mystik, mit »enthusiastischen Erlebnissen, Erfahrungen und Bewegungen« (Rahner 17).

Es gibt darüber hinaus aber auch noch so etwas wie eine Mystik des Alltags, die jedem Menschen zugänglich ist und die sich nicht auf außergewöhnliche Erlebnisse stützt, sondern auf den gewöhnlichen Tagesablauf: »Wir sagen, ja wir bekennen als Christen, auch gestützt auf das Zeugnis der Schrift, dass wir eine solche Erfahrung des Geistes haben können, ja sogar als Angebot an unsere Freiheit notwendig haben. Solche Erfahrung ist gegeben, auch wenn wir sie meist im Betrieb unseres Alltags übersehen, sie vielleicht verdrängen und nicht wahrhaben wollen« (Rahner 24f).

Das heißt, wenn ich über die einzelnen Erfahrungen, die ich in meinem ganz normalen Alltag mache, nachdenke, dann wird sich vielleicht ein Zusammenhang feststellen lassen, eine Ahnung, dass in und hinter diesen eine Urerfahrung liegt, die wir als Christen »Heiliger Geist« nennen. »Wenn man diese Transzendenzerfahrung, in der der Mensch mitten im Alltag immer auch schon über sich selbst und über das einzelne, mit dem er umgeht, hinaus ist, ›Mystik‹ nennen wollte, dann könnte man sagen, dass Mystik immer schon mitten im Alltag sich ereignet, verborgen und unbenannt, und die Bedingung der Möglichkeit für die nüchternste und profanste Alltagserfahrung ist« (Rahner 29). Im Weiteren nennt Karl Rahner dann einige Lebenserfahrungen, die jeder Mensch mitten in seinem gewöhnlichen Alltag macht und die auf eine Gotteserfahrung, eine Erfahrung des Geistes hinweisen, die all diesen Erfahrungen zugrunde liegt. Es ist meine feste Überzeugung, dass wir auch im Netz solche Erfahrungen des Geistes machen können, dass also der Geist auch durch Bits und Bytes weht.

Ich erlaube mir, Karl Rahner, der das Internetzeitalter noch nicht kannte, hier etwas fortzuschreiben und zu aktualisieren. Wo könnten solche Erfahrungen sichtbar werden?

- Dort, wo spürbar wird, dass diese Welt nicht alles ist, dass es Dinge gibt, die unseren Alltagsverstand und unsere Schulweisheit übertreffen. Dort, wo Menschen merken, dass es etwas (oder jemanden?) gibt, der oder das diese Welt übersteigt und sie doch in Händen hält. Christen sprechen in solchen Fällen von »Hoffnung«.

- Dort, wo Menschen sich verantwortlich füreinander fühlen. Nicht, weil sie dazu gezwungen sind oder es sich für sie lohnen würde, sondern ganz frei, weil sie dem anderen gut sein möchten – zum Beispiel, wenn sie für einen unverschuldet in Not geratenen Mitmenschen auf Twitter eine Spendenaktion ins Leben rufen. Christen sprechen hier von »unverdienter Gnade«.

- Dort, wo ich innere Weite spüre, ich äußerlich aber sehr eingeschränkt bin – zum Beispiel im Lockdown, wenn ich die Wohnung nicht verlassen, mich nicht mit anderen treffen kann, aber über die Sozialen Netzwerke verbunden bleibe. Christen sprechen hier von »Freiheit«.

- Dort, wo der Tod mitten im Leben einbricht und dieser Gedanke nicht ängstigt, sondern Menschen mit Gelassenheit und Zuversicht erfüllt. Christen sprechen hier von »Vertrauen«.

- Dort, wo in den Erfahrungen von Liebe, Schönheit und Freude im Leben etwas von dem aufleuchtet, was uns übersteigt – zum Beispiel, wenn ich auf Instagram das Foto eines wunderschönen Sonnenaufgangs betrachte. Christen sprechen von »Transzendenz«.

- Dort, wo ich einfach meinen Alltag lebe, scheinbar nichts Besonderes tue, sondern schlicht und einfach den Pflichten nachgehe, ohne viel Aufhebens darum zu machen. Christen sprechen von »Treue«.

- Dort, wo mir die Worte ausgehen und ich nur noch schreien möchte, wo ich einen Gott anklagen möchte, den es für mich gar nicht gibt, wo ich nur noch schweigen kann und scheinbar nichts zurückkommt als Finsternis und Nacht – zum Beispiel, wo mir angesichts einer erneuten Katastrophe die Worte ausgehen. Christen sprechen von »Gebet«.

- Dort, wo ich mich in allem Leid getragen weiß oder wo mir das Schicksal anderer nicht gleichgültig ist, indem ich ihnen wenigstens ein gutes Wort, einen aufbauenden Tweet, eine hoffnungsvolle Message schreibe. Christen sprechen von »Trost«.

Sicher hat jede Leserin und jeder Leser auch noch seine ganz eigene Idee oder ihren ganz eigenen Ort, an dem der Geist für sie und ihn spürbar wird.

Auch wenn ich das, was ich in solchen Momenten spüre, vielleicht nicht Gott nennen kann, weil mir der Gedanke schwer verständlich ist, oder mir sein Name nicht mehr über die Lippen kommt: Überall dort, wo ich den gewöhnlichen Alltag, auch im Netz, außergewöhnlich schön mache, finde ich Gott in allen Dingen – auch im Internet. Wo wir in unserem einen Leben, das sich heute in realen und virtuellen Räumen abspielt, solche Erfahrungen machen, da ist immer schon der Geist Gottes anwesend. Und weil wir solche Erfahrungen von Liebe, Schönheit und Freude auch im Raum der Sozialen Medien machen, können wir durchaus sagen, dass der Geist durch Bits und Bytes weht.

Das Internet als Erfahrung und als Lebensraum

Ich mache im Internet nicht nur Erfahrungen, sondern das Internet ist selbst eine Erfahrung. Das sagt der Jesuit Antonio Spadaro, enger Vertrauter von Papst Franziskus und Chefredakteur der Zeitschrift Civiltá Cattolica, der als einer der Ersten das Verhältnis von Glaube und Internet in seiner »Cyber-Theologie« neu durchdacht hat. »Das Internet ist nicht eine Ansammlung von Kabeln, Drähten, Modems und Computern, sondern in erster Linie eine Erfahrung, ein neuer existenzieller Kontext.«[10] Für Spadaro ist »das Netz ein gewöhnlicher Ort und Raum der menschlichen Erfahrung, in dem der Mensch sein öffentliches, sein soziales und sein kulturelles Leben lebt und strukturiert«. All das, was Karl Rahner von der Erfahrung des Geistes in und unter den menschlichen Erfahrungen sagt, können wir also auch auf den Erfahrungsraum des Netzes ausdehnen. Spadaro zitiert sowohl Papst Franziskus, für den das Internet »eine Art von Lebensumfeld« ist, als auch Papst Benedikt XVI., der in seiner Botschaft zum Welttag der Sozialen Kommunikationsmittel 2013 gesagt hat: »Die digitale Umwelt ist keine parallele oder rein virtuelle Welt, sondern ist Teil der Lebenswelt vieler Menschen, insbesondere der jüngeren Generation.« So sei »der digitale Raum nicht unauthentisch, verfremdet, falsch oder fiktiv, sondern ein Phänomen unseres alltäglichen Lebensraumes«. Menschen bewohnen das Netz, sie bewegen sich wie selbstverständlich in den digitalen Räumen. Und wenn Kirche immer dorthin gehen soll, wo die Menschen wohnen, so muss sie heute kraft ihrer Sendung ins Internet gehen, dort präsent sein.

Bei Exerzitientagen, also Tagen geistlicher Orientierung, wird das eigene Leben oft mit einem Haus verglichen, das verschiedene Räume hat. In dieser Zeit steht dann im Mittelpunkt, diese Räume gut kennenzulernen, sie sich intensiv anzuschauen, um dann wirklich in ihnen zu Hause sein zu können. Ich möchte einmal versuchen, dieses Bild auf das Internet anzuwenden, denn das Netz ist für viele Menschen ein Lebensraum, in dem sie sich wie selbstverständlich aufhalten.

Zunächst betrete ich also das Haus durch den Eingang und stehe in einem Empfangsbereich. Wie ist der Eingang gestaltet? Fühle ich mich gut aufgenommen? Merkt man, dass hier jemand wohnt, der gern bei sich zu Hause ist? Wie sieht das Türschild aus? Kann man den Namen dessen, der hier wohnt, gut lesen oder ist die Beschriftung schon ausgeblichen, verwaschen, unleserlich? Im Internet kann man diesen Eingangsbereich mit dem Profil vergleichen, das ich in Sozialen Netzwerken anlege. Dieses ist in der Regel für jeden sichtbar. Wie präsentiere ich mich hier? Kann man mich als Person erkennen, zeige ich Gesicht? Erinnern wir uns daran, dass Facebook gerade darauf angelegt ist, dass hier Menschen ihr Gesicht zeigen, sich zu erkennen geben – und sich damit auch ein Stück weit verletzlich, verwundbar machen. Viele verstecken sich in den Sozialen Medien hinter einem anonymen Profil – und können dann ungehindert auf Gott und die Welt losschimpfen. Sie machen sich unangreifbar, bleiben in der Schwebe.

Was sagt es also über mich aus, wenn mein Profilbild ein Katzenfoto ist? Oder wenn ich eine Deutschlandflagge in der »Twitter-Bio« (eine Kurzbiografie, in der sich die Userinnen und User in kurzen Worten beschreiben) zeige? Welche Botschaft sende ich anderen über mich, wenn ich gerade in der Zeit der Corona-Pandemie in meinem Profilfoto entweder den Schriftzug »Stay home – Bleib zu Hause« oder »Querdenker« anbringe? So wie ich meinen Eingangsbereich gestalte, so wird auch der erste Eindruck sein, den andere Menschen von mir haben werden. Ist da einer, bei dem man sich wohlfühlen kann? Oder muss ich vorsichtig sein, wenn ich mich mit ihm oder ihr vernetze? Übrigens ist es auch theologisch von Belang, wie ich meinen Eingangsbereich, meine »Pforte« gestalte. Denn unser Gott charakterisiert sich als einer, der bei uns eintreten möchte, der bei uns zu Gast sein will: »Siehe, ich stehe vor der Tür und klopfe an. Wenn einer meine Stimme hört und die Tür öffnet, bei dem werde ich eintreten und Mahl mit ihm halten und er mit mir« (Offenbarung 3,20). Und gerade als Benediktiner ist mir der Eingangsbereich sehr wichtig, schreibt mein Ordensvater Benedikt von Nursia doch in seiner Regel ein wunderbares Kapitel über die Pforte beziehungsweise wie der sein soll, der an der Pforte sitzt. Es geht um die Kunst des Empfangens, darum, dass es eben nicht nebensächlich ist, wie mein Eingangsbereich gestaltet ist, wie ich Menschen begegne (vgl. RB 66). Nicht umsonst wird dieses Kapitel in der benediktinischen Leseordnung[11] an Heiligabend vorgelesen, am Vorabend des Weihnachtsfestes, an dem Gott in unsere Welt eintritt.

Nach dem Eingangsbereich geht es weiter in die verschiedenen Räume unseres Lebenshauses. Da ist zunächst das Wohnzimmer, die »gute Stube« des Hauses. Hier lasse ich Besucherinnen und Besucher ein, Gäste, die ich nicht an der Tür abfertige wie den Briefträger oder Paketboten. In der Regel suche ich mir sehr genau aus, wen ich in mein Haus einlasse. Das gilt ebenso für den Lebensraum Internet. Eine Twitterfreundin, die ich auch in der »echten« Welt schon mehrmals besucht habe, spricht gerne von ihrem Twitter-Wohnzimmer beziehungsweise der »Timeline-WG«. Das ist ein sehr schöner

Ausdruck für die Gemeinschaft, die sich in den Sozialen Netzwerken bilden kann. Sie ist mit einer Wohngemeinschaft vergleichbar, in der Menschen kommen und wieder gehen, in der ich Menschen auf einen Keks oder Kaffee einlade, mich aber im Extremfall auch mal von jemandem trennen muss. Auf Twitter, wo sonst alles öffentlich ist, gibt es auch die Möglichkeit, meinen Account zu schützen. Das wird deutlich an dem Symbol eines Schlosses hinter dem Namen und daran, dass das, was ich schreibe, eben nicht für alle sichtbar ist. Ich muss also bewusst die Menschen in meine »Timeline-WG« hineinlassen.

Gehen wir nun in die Küche. Es gab in meiner Kindheit nichts Schöneres, als auf der Eckbank in unserer Küche zu sitzen und meiner Mutter beim Kochen oder Backen zuzusehen - und dann natürlich die Schüssel mit dem Teig auszuschlecken. Beim gemeinsamen Essen und Trinken ergeben sich die wunderbarsten Tischgespräche - oder die heftigsten Streitereien. Liebe geht eben durch den Magen. Auch in den Sozialen Netzwerken werden gerne Bilder vom Essen geteilt. Scherzhaft hat mal jemand gesagt, dass man mit all dem dort gezeigten Essen die ganze Menschheit ernähren könnte - sicher auch eine Kritik an unserem Konsumverhalten, die zu bedenken ist. Und doch haben die Menschen offenbar das Bedürfnis, ihr Menü oder das Gebackene, das sie manches Mal in mühevoller Arbeit selbst kreiert haben, anderen zu zeigen. Unter dem Hashtag **#Foodporn** kann man endlos viele Bilder auf Instagram finden, die einem das Wasser im Mund zusammenlaufen lassen. Übrigens werden auch im Netz über Geschmacksfragen beinahe Glaubenskriege geführt. Erzählen Sie einmal auf Twitter, dass Sie keinen Rosenkohl mögen ...

Dann gibt es noch die Räume, in die normalerweise kaum ein Besucher Zutritt erlangt. Wer lässt schon gerne einen fremden Menschen in sein Schlafzimmer? Es ist ein Raum der Intimsphäre, in dem es auch mal aussehen darf wie bei Hempels unterm Sofa, hier kommt niemand hinein, außer der Partner oder die Partnerin. Ich glaube, dass es gerade in unserer Zeit der Selbstdarstellung bis hin zur Selbstentblößung, die in allen Medien so gern inszeniert wird, wichtig ist, die Existenz solcher Räume zu betonen, sie zu kultivieren, uns von Zeit zu Zeit dorthin zurückzuziehen. Bezogen auf den Lebensraum Internet heißt das, dass es einen geschützten Raum in mir gibt, an den kein Facebook, Twitter oder Instagram rühren sollte, der nicht in aller Öffentlichkeit breitgetreten werden sollte. Es ist in der Entwicklung jedes Kindes wichtig, Geheimnisse zu haben, die auch Mutter und Vater nichts angehen. Wie viel mehr gilt das in den Zeiten der allgegenwärtigen Sozialen Medien. Ich muss den heiligen Raum in mir, in dem ich allein sein kann – mit mir selbst, und vielleicht auch mit Gott – pflegen. Die mittelalterlichen Mystiker sprechen vom göttlichen Raum, vom »Seelenfünklein«, von der »inneren Seelenburg«, zu dem beziehungsweise der kein anderer Mensch Zutritt hat.

Und schließlich gibt es noch das Kellergeschoss. Als Kind habe ich mich immer davor gefürchtet, in den Keller zu gehen. Dort war es unheimlich, da lauerten hinter jeder dunklen Ecke Gespenster, die mir Angst einjagen wollten. Aber irgendwann habe ich mich getraut, mir eine Lampe mitgenommen und bin in den Keller hinabgestiegen. Ich habe mich meiner Angst gestellt – und siehe da, bei Licht betrachtet war es gar nicht so schlimm. Etwas Ähnliches gibt es im Internet. Auch hier sind es Räume, in die ich besser nicht allein hinabsteige, Bilder, die mir nicht guttun oder die meine tiefsten Ängste nähren. Ich rede dabei gar nicht vom Extremfall des »Darknets«, der sich nur mit viel krimineller Energie öffnen lässt und der in die schlimmsten menschlichen Abgründe führt. Der Keller kann schon viel harmloser beginnen und mich doch zu tiefsten Ängsten in mir führen: Das kann die Nachrichtenseite mit den Kriegsbildern sein, die mich zutiefst verwirren, oder die medizinische Seite, die Symptome einer Krebserkrankung beschreibt, bei mir aber hypochondrische Züge auslöst.

Es ist gut, auch diese Räume zu kennen, sie mit der Hilfe guter Begleiter und Freundinnen zu betreten und so manchen meiner Ängste ins Gesicht zu sehen und sie damit zu bannen. Der »Keller« im Internet ist vielleicht sogar für jeden Menschen etwas anderes, je nachdem, welchen Ängsten er sich stellen muss. Aber auch da gilt: Eine gute Medienkompetenz und -aufklärung ist wichtig, die vor allem unsere Kinder und Jugendlichen schützt und frühzeitig auf die Gefahren des Internet aufmerksam macht, worin auch immer diese Gefahr besteht.

Bei Exerzitien braucht es daher einen Geistlichen Begleiter, eine Geistliche Begleiterin, der/die mir hilft, mein Lebenshaus zu entdecken, aufzuräumen, zu schauen, was ich darin ändern muss oder was in der nächsten Zeit an »Renovierungen« ansteht. Nicht alles kann ich allein erledigen, manches muss ich mir von einem anderen Menschen sagen oder zeigen lassen, der auf mein Leben aus der Außenperspektive schaut und Dinge sieht, die ich in meiner Binnenperspektive leicht übersehen kann. Beim Lebensraum Internet ist es ähnlich. Auch hier brauche ich Menschen, die mich zum rechten Gebrauch mit diesem Medium anleiten. In der Schule spricht man von der Erziehung zur Medienkompetenz. Ich brauche BegleiterInnen, die mir sagen, wo ich in der Gefahr bin, mich zu verlaufen oder mir zu schaden, mich zu verletzen. Wäre es nicht sinnvoll, wenn es solche LebensbegleiterInnen auch im Internet und in den Sozialen Medien gäbe?

Nach diesem Rundgang möchte ich an einigen Stationen in diesem Lebensraum Internet haltmachen, an denen Kirche auf eine gute Weise präsent ist. Denn es ist doch ihr Auftrag, bei den Menschen zu sein, also dort, wo sie sich aufhalten, in ihren Lebensräumen, und das ist für viele, zumal Jüngere heute das Internet.

Die Twomplet – Kirche von unten

Alles begann an einem Abend im Januar 2014, als ich mich in meiner »Timeline-WG« auf Twitter aufhielt und mit einigen Besucherinnen und Besuchern meines virtuellen Wohnzimmers über Gott, Fußball und die Welt redete. Auf einmal schrieb mich ein jüngerer Bekannter an, ob wir nicht gemeinsam als Tagesabschluss das »Salve Regina« beten könnten, ein mittelalterliches Marienlied, das im kirchlichen Stundengebet am Ende eines Tages zum Abschluss der Komplet, des klösterlichen Nachtgebetes, gesungen wird. So begann einer, die erste Zeile dieses Gebetes zu schreiben, der andere vervollständigte mit der nächsten Zeile. Dann klinkten sich, wie das so auf Twitter geht, andere mit ein, schrieben wieder die Anfangszeile, jemand fragte, was wir da machen, einer hatte einen flotten Spruch parat, eine andere einen Link zu einem YouTube-Video mit einer gesungenen Aufnahme des Salve Regina. Kurzum, am Ende entstand ein ziemliches Chaos, und von einem gemeinsamen Gebet konnte eigentlich nicht mehr die Rede sein. Mein Bekannter meinte, das müsse aber doch möglich sein, sicherte sich noch am selben Abend den Account[12], gab mir und einigen anderen Interessierten das Passwort, erstellte per Doodle eine Monatsliste derer, die das Abendgebet vorbereiteten - und seitdem wird auf Twitter jeden Abend um 21.00 Uhr die Twomplet gebetet. Bis heute, ohne Pause, 365 Tage im Jahr. Twomplet, das wird der kundige Leser schon bemerkt haben, ist ein Kunstwort, das sich aus den Begriffen Twitter und Komplet zusammensetzt und diese beiden recht unterschiedlichen Welten, die moderne der Sozialen Medien und die traditionelle des kirchlichen Stundengebetes, zusammenbringt. Ich muss zugeben, dass ich zunächst skeptisch war und dachte, das wird sich nach einem, spätestens zwei Monaten wieder gegeben haben, wie das bei solchen Internetaktionen häufig der Fall ist. Aber bis heute finden sich Leute, die treu jeden Abend zu diesem Tagesabschluss einladen und diesen auch vorbereiten. Die Twomplet hat es sogar in die Vollversammlung der Deutschen Bischofskonferenz geschafft, wo ich vor den versammelten Bischöfen dieses Social-Media-Projekt vorstellen durfte.

Wie genau funktioniert das jetzt aber? Ein gemeinsames Gebet gerade auf Twitter, wo die Tweets normalerweise durch die Timeline jagen und nach einigen Sekunden schon wieder verschwunden sind? Kann dort ein Gebet, das ja auf Stille, Unterbrechung und Meditation abzielt, überhaupt funktionieren?

Ein wichtiger Bestandteil ist die feste Zeit: An jedem Abend um 21.00 Uhr beginnt die Twomplet. Viele richten sich an ihrem Schreibtisch eine kleine Gebetsecke ein, zünden eine Kerze an, machen davon ein Foto und posten es auf Twitter. Als User kann man durchaus dazu beitragen, dass die Tweets eben nicht einfach so durchrauschen. Man kann den Hashtag **#Twomplet** in die Twittersuche eingeben und dann nur die Beiträge lesen, die dazu gepostet werden. Es gab Abende, an denen auf einmal ein Tweet der Twomplet in meiner Timeline auftauchte und ich so daran erinnert wurde, dass jetzt die Zeit für das digitale Nachtgebet ist. Ich wurde davon also in meinen Abläufen unterbrochen – ich hatte oben schon Johann Baptist Metz zitiert, der einmal sagte, dass »Unterbrechung die kürzeste Definition von Religion« sei. Wer an einem Abend den Twomplet-Account übernimmt, leitet das Gebet, das sich entweder am Aufbau der klassischen Komplet orientiert oder auch freier gestaltet werden kann. Es gibt eine Eröffnungsformel, einen Psalm, der in Versen getwittert werden kann, man kann auch einen Gesang aus Taizé via YouTube einspielen. Manchmal beginnt das Gebet mit den Kirchenglocken des Kölner Doms. Auch interaktive Elemente sind möglich. So können alle, die teilnehmen, aufschreiben, was sie an diesem Tag bewegt hat, was gelungen ist, wofür sie danken möchten oder wen sie besonders ins Gebet einschließen möchten. Der letztgenannte Aspekt kann in eigenen freien Fürbitten aufgegriffen werden. Und natürlich darf das Salve Regina oder ein anderes Lied nicht fehlen, das ja sozusagen der Ursprung der Twomplet gewesen ist. In den Anfangsjahren waren durchschnittlich zehn bis fünfzehn Menschen anwesend – wie viele still mitgelesen haben, kann man natürlich nicht sagen, manchmal lässt es sich aber am »Beherzen« beziehungsweise Favorisieren und Retweeten der Tweets ablesen.

In einem Artikel über die Twomplet auf dem offiziellen katholischen Internetportal katholisch.de[13] äußert sich der Liturgiewissenschaftler Martin Stuflesser über diese Form des Gebetes. Auch wenn für ihn »die körperliche Präsenz den Menschen ausmacht« und man im Internet die Atmosphäre einer Kirche nicht spüren könne, sei die Twomplet »gerade für diejenigen eine Alternative, die der Kirche nicht nahestehen«, denn »so können sich die Leute an das Christentum herantasten«. Man könne die Menschen auf den Geschmack des gemeinsamen Gebetes bringen. Die Frage nach der Gültigkeit stellt sich für Stuflesser nicht: »Gebet bleibt Gebet.« Obwohl ich diese Ausführungen bemerkenswert finde, kann ich ihnen nicht in allem folgen. Was gibt mir das Recht zu sagen, »man könne im Internet die Atmosphäre einer Kirche nicht spüren«? Vielleicht spüren gerade die Menschen, die in einer Kirche keine besondere Atmosphäre verspüren (können), eben genau das im Raum des Internets? Ich bin der festen Überzeugung, dass sich die Menschen heute ihre »heiligen Orte« an ganz anderen Stellen suchen als früher. Franz Kafka bringt das in einem Bonmot auf den Punkt: »Im Kino gewesen. Geweint.« Warum sollte ich nicht im Kino oder vor dem Computerbildschirm beten können, weil mich etwas anrührt, das man durchaus mit der »Atmosphäre einer Kirche« vergleichen kann?

Für mich ist an der Twomplet das Besondere, dass es sich dabei um eine Idee handelt, die »von unten«, aus dem Volk Gottes heraus gekommen ist. Sie wurde nicht »von oben« verordnet oder in endlos langen Sitzungen und Konzeptpapieren ausgehandelt, sondern ist an einem normalen Abend aus der Situation heraus spontan entstanden. Kirche als Communio, als Gemeinschaft konstituiert sich von unten, eben dort, wo Menschen sich zusammenfinden, um miteinander ihren Glauben zu leben und zu bekennen, um miteinander zu beten und den Glauben zu feiern. Ist das nicht eine Kirche, die dem jesuanischen Ideal viel näher kommt als eine Kirche von »Experten«? »Experte« meint ja wörtlich »einer, der etwas erfahren hat«. Und das ist nicht nur Bischöfen und anderen offiziellen Vertretern der Kirche vorbehalten. Wenn der Geist Gottes weht, wo er will, wie es im Johannesevangelium heißt, dann kann er auch auf Twitter wirken. Und ist es nicht ein Zeichen dieses Geistes, der auch durch Bits und Bytes wirkt, dass das spontan entstandene Projekt der Twomplet schon sieben Jahre durchgehalten hat?

Offizielle Vertreter der Kirche tun sich oft schwer mit Spontaneität. Aber auch die Orden sind als spontane Bewegungen entstanden, die meist quer zur Amtskirche lagen oder eben gerade weil die Amtskirche nicht auf die Bedürfnisse der Menschen reagiert oder gehört hat. Ich habe den Eindruck, dass man den Geist dort lieber in gesicherte Bahnen lenken möchte. Mit dem »störenden« Geist Gottes, der die Jünger an Pfingsten buchstäblich durcheinandergewirbelt hat, hat das allerdings nur noch wenig zu tun.

Die Twomplet ist übrigens ein ökumenisches Projekt, das von katholischen wie evangelischen Christen gleichermaßen vorbereitet wird. Ohne nach Konfessionszugehörigkeit zu fragen, darf hier jeder mitbeten - ein Zeichen, das Hoffnung macht. Und mittlerweile gab es sogar schon die erste Hochzeit eines Paares, das sich durch die Twomplet kennengelernt hat - so wenig geisterfüllt kann die Initiative also nicht sein ...

Instakirche – den Kirchenraum entdecken

Als die Generation unserer Eltern und teilweise auch Großeltern (der sogenannten »Silver Surfer«) Facebook für sich entdeckt hat, brauchten die jungen Menschen einen neuen Ort, an dem sie unter sich sein konnten. Denn wer will schon auf der gleichen Plattform unterwegs sein wie die eigenen Eltern? Irgendwann sind daher viele aus der jüngeren Generation zum Sozialen Netzwerk Instagram gewechselt (das dann wiederum kurzzeitig durch Snapchat abgelöst wurde, mittlerweile ist TikTok der letzte Schrei ...). Bei Instagram handelt es sich um ein Fotonetzwerk, auf dem jeder seine Bilder einstellen und unter bestimmten Hashtags verlinken kann. Viele Firmen haben Instagram für sich entdeckt und platzieren dort ihre Werbung. Auch kirchliche Kanäle veröffentlichen Bilder mit mehr oder weniger langen Erklärungen, aber auch sogenannte »Stories«, die nur für 24 Stunden sichtbar sind. In vielen Städten gibt es eine rege Instagram-Community, die wunderbare Bilder aus der Natur oder von bestimmten Sehenswürdigkeiten miteinander teilt. Diese Community trifft sich auch in der physischen Welt zu sogenannten Instawalks, also Spaziergängen durch Städte, bei denen die Teilnehmenden, ausgerüstet mit ihren Smartphones und anderen digitalen Endgeräten, die Städte erkunden und anschließend davon teilweise sehr ausdrucksstarke Bilder posten. Diese Bilder werden unter einem bestimmten Hashtag gesammelt und können dann nach Zustimmung der Teilnehmer auf den offiziellen Plattformen der Stadt oder Region geteilt werden – ein einfacher Weg, viele Menschen, auch junge Leute, in eine klassische Marketingstrategie einzubinden: Die Teilnehmer werden in ihrem Talent als Fotografen gewürdigt und die Städte haben Material, das sie dann später weiter nutzen können. Eine Win-Win-Situation für alle Beteiligten.

In den Kirchen unserer Städte liegt ein ungeheures Potenzial an Kultur und architektonischer Bedeutsamkeit. Sie sind Monumente der Zeitgeschichte und spiegeln in ihrer Bausubstanz die jeweilige Entstehungszeit wider. Viele Menschen nehmen Kirchen als architektonisch bedeutsame Räume wahr und besuchen diese in ihrem Urlaub gerne. Dass Kirchen auch »durchbetete Räume« sind, Orte, an denen sich seit Jahrhunderten bis in die heutige Zeit Menschen zum Lob Gottes versammeln, wird dabei oft nicht gesehen.

Um diese beiden Aspekte, die Architektur und das Sakrale, zusammenzuführen, werden seit einigen Jahren auch Instawalks in Kirchen veranstaltet. Unter dem Stichwort »Instakirche« lädt eine Gemeinde oder kirchliche Gemeinschaft gezielt Instagrammer in ihre Kirchen ein, öffnet ihre Türen für Menschen, die nicht unbedingt regelmäßige Kirchgänger sind. Dabei gilt die Devise: »Fotografieren und Smartphones sind ausdrücklich erlaubt!« Oftmals orientiert sich ein solcher Walk an »mystagogischen« Gesichtspunkten, das heißt, Besucher werden in das Geheimnis, das Besondere des jeweiligen Raumes durch eigenes Erleben eingeführt. Nach einer kurzen Einleitung mit den Daten und Fakten, der Baugeschichte der Kirche schwärmen die Teilnehmer mit ihren Smartphones aus und fotografieren den Kirchenraum und besondere Schmuckstücke darin aus den verschiedensten Perspektiven. Dabei können die Organisatoren besondere Highlights einbauen, die bei normalen Führungen so nicht zu haben sind: Lichteffekte, eine Führung durch den Glockenstuhl oder die Orgelpfeifen, die Ausstellung besonders wertvoller Stücke, die im Alltag unter Verschluss sind. Die Domschatzkammer in Essen hat beispielsweise an einem Abend ihre Tore zu einer **#Instakirche** geöffnet, ebenso verschiedene große Kirchen wie die Dome in Münster und Freiburg, aber auch kleinere Kirchengemeinden. Der Aufwand ist relativ gering, und über gezielte Hashtags kann man die Instagramcommunity eines Ortes ansprechen.

Aus dem Gedanken heraus, dass auch Klöster etwas zu bieten haben, haben wir im Oktober 2019 im Rahmen des Außerordentlichen Missionsmonats einen Instawalk durch unsere ausgeleuchtete Abteikirche angeboten. Als besonderes Bonbon haben wir nicht nur die Kirche mit den angrenzenden Gebetsräumen geöffnet, sondern auch Teile der Klausur, also des abgeschlossenen Bereichs des Klosters, zu dem Gäste normalerweise keinen Zutritt haben: Sakristei, Kapitelsaal und Kreuzgang. Auf dem Instagramaccount der Abtei Königsmünster kann man sich die äußerst gelungenen Bilder der Netzcommunity anschauen.

Instakirche, Instakloster - das sind Möglichkeiten, mit Menschen über Bilder und Fotos ins Gespräch zu kommen, die keine regelmäßigen Kirchgänger sind, sich aber auf die Atmosphäre und das Besondere dieser Räume gerne einlassen. Und manches Mal weist das Gespräch über die rein architektonische Bedeutung des Kirchenraumes hinaus auf das, was Menschen bis heute dort tun, wenn sie sich zum Gebet und zum Lobpreis Gottes versammeln. Das bringt die Teilnehmer sicher nicht dazu, regelmäßig den Gottesdienst zu besuchen. Aber manche spüren auf ihrer Entdeckungsreise in diese Räume etwas von dem »Mehr«, das hier erfahrbar wird und neben der Architektur das Herz dieser Räume ist.

Seelsorge im World Wide Web

Wenn ich mit Mitbrüdern, Priestern und anderen Verantwortlichen in der Kirche über Internetseelsorge ins Gespräch komme, treffe ich nicht selten auf unverhohlene Skepsis. »Das ist keine richtige Seelsorge, da fehlt etwas, weil man ja keinem realen Menschen gegenübersitzt. Und außerdem gehören zu einem Gespräch auch immer die nonverbalen Kommunikationsformen wie Stimmlage und Gesichtsausdruck, und die fallen im Internet weg.« Es ist also der altbekannte Vorwurf, von dem schon oben die Rede war, dass zwischen realem und virtuellem Leben ein unüberwindbarer Graben verlaufe und dass virtuelle gegenüber realen Beziehungen irgendwie defizitär seien. Ganz abgesehen davon, dass es mittlerweile auch datenschutzkonforme Videoformate gibt, bei denen ich einem menschlichen Gegenüber ins Gesicht schauen und seine Stimme hören kann, antworte ich auf diesen Einwand immer, dass auch vor dem Computerbildschirm echte Menschen mit ihren alltäglichen Freuden und Nöten sitzen und dass ich mich auch in einem Menschen täuschen kann, der mir real gegenübersitzt und mir gekonnt etwas vorspielt. Außerdem hat man gerade im Umgang mit Internet und Mailformaten gezielt Techniken entwickelt, die man erlernen kann, um sozusagen »zwischen den Zeilen« zu lesen und das Anliegen hinter den vordergründigen Worten herauszuhören. Ein weiterer Einwand, den ich immer wieder zu hören bekomme, gerade wenn es um Seelsorge per Mail geht: Die Kommunikation zwischen Sender und Empfänger laufe zeitversetzt ab, es könne also unter Umständen einen oder zwei Tage dauern, bis man als Seelsorger seinem Gesprächspartner antwortet. Das ist aber von demjenigen, der sich gezielt das Medium E-Mail für die Seelsorge aussucht, einkalkuliert. Wer sich Mailkontakt wünscht, dem ist die zeitversetzte Form der Kommunikation meist bewusst. Außerdem ist das auch Gegenstand des Erstgespräches, das jeder professionellen Begleitung vorausgeht und in dem solche Details der Beratung geklärt werden.

»Der Begriff Internetseelsorge bezeichnet Seelsorge, die über das Internet medial vermittelt wird und interaktiv stattfindet, und ist somit eine Sonderform der lebensraumorientierten Seelsorge« – so beschreibt es das Internetlexikon Wikipedia in einem Grundlagenartikel. Im katholischen Raum werden Angebote der Internetseelsorge, die sich in Seelsorge, Geistliche Begleitung und Empfehlungen (Impulse, Glaubensangebote und so weiter) auffächern, auf der Website www.internetseelsorge.de zusammengetragen. Diese Seite wird von der Katholischen Arbeitsstelle für Missionarische Pastoral (KAMP), einer Arbeitsstelle der Deutschen Bischofskonferenz mit Sitz in Erfurt, betrieben. Dort ist das Referat »Evangelisierung und Digitalisierung« für alle Fragen rund um Internetseelsorge zuständig. Einmal im Jahr findet eine zweitägige Konferenz aller Beauftragten für Internetseelsorge der Bistümer und Orden statt, bei dem es vor allem um den fachlichen Austausch über aktuelle Entwicklungen und neue Projekte geht, aber auch um inhaltlichen Input externer Referenten, zum Beispiel zu Themen wie Datenschutz und Öffentlichkeitsarbeit. In diesem Jahr fand die »Internetseelsorgebeauftragtenkonferenz« (ISBK), eine interne, nicht ganz ernst gemeinte Wortneuschöpfung einiger TeilnehmerInnen, als Videokonferenz statt und bestand in einem Austausch über die Auswirkungen der Corona-Pandemie auf internetseelsorgliche Angebote.

Die Internetseelsorge als eine »Sonderform der lebensraumorientierten Seelsorge« tut im Grunde nichts anderes als das, was ureigener Auftrag der Kirche ist: die Menschen dort abzuholen, wo sie stehen - oder da präsent zu sein, wo die Menschen sich aufhalten. Denn da sich heute mehr Menschen im Internet aufhalten als in der Kirche, ist es nur folgerichtig, wenn Kirche auch im Netz präsent ist - unaufdringlich, begleitend, einladend.

Dabei ist zwischen zwei Grundformen des Angebotes zu unterscheiden: Auf der einen Seite gibt es Menschen, die konkret nach seelsorglichen Angeboten im Internet suchen – so wie sie online shoppen, ihre Bankgeschäfte erledigen oder mit Freunden chatten. Das bedeutet in der Praxis: Sie geben das Stichwort »Internetseelsorge« in eine Suchmaschine ein und landen im besten Fall direkt auf der offiziellen Seite von KAMP. Dort finden sie mit zwei Klicks eine Auswahl an Seelsorgerinnen und Seelsorgern, die sich mit Foto und einem kurzen Text vorstellen. Man kann ihnen einfach, sicher und datenschutzkonform eine E-Mail schreiben[14] und so unkompliziert mit ihnen in Kontakt treten. Vom Austausch auf den Jahreskonferenzen weiß ich, dass dieser schriftliche Austausch echte seelsorgliche Gespräche sind, die existenzielle Fragen des Menschseins berühren, die auch in einem »physischen« Seelsorgegespräch auf den Tisch kommen. Hier stellen sich die Seelsorger also zur Verfügung und warten darauf, dass sie von Menschen angesprochen werden. Im Umkehrschluss heißt das, dass sie gesucht (und gefunden) werden müssen. Die Hürde oder Schwelle auf Seiten der Hilfesuchenden ist also höher.

Auf der anderen Seite gibt es SeelsorgerInnen, und zu dieser zweiten Gruppe würde ich auch mich zählen, die bewusst als Seelsorger erkennbar im Netz, vor allem in den Sozialen Medien unterwegs sind. Das heißt, in ihrem Profilbild sind sie am Ordensgewand oder Priesterkragen erkennbar, oder in ihrer »Bio«, der Kurzbeschreibung im

Profil, ist ihr Beruf (Seelsorger, Ordensfrau, Priester ...) zu finden. Sie warten nicht, bis die Menschen zu ihnen kommen, sondern gehen dorthin, wo sich die Menschen aufhalten. Im übertragenden Sinn gehen sie auf den modernen Marktplatz der Sozialen Medien, so wie Paulus auf den antiken Marktplatz, den Areopag, in Athen ging und den Athenern von Jesus Christus erzählte (vgl. Apostelgeschichte 17,16–34). Damit geben sie der Kirche im Internet ein Gesicht. Sie machen sich damit verwundbar und angreifbar, wenn sie mit ihrem Namen für Kirche stehen und damit auch für all das Rede und Antwort stehen (müssen), was an Verfehlungen immer wieder berichtet wird (sexueller Missbrauch, Frauenfrage, Zölibat, Umgang mit Macht). Dabei mache ich die Erfahrung, dass die Menschen sehr genau hinschauen, ob jemand wirklich mit seinem Namen für das einsteht, an das er glaubt. Glaubwürdigkeit, Authentizität ist das Gebot der Stunde. Wenn die Ratsuchenden merken, dass einer das meint, was er oder sie sagt und vor allem nicht von oben herab kommuniziert, sondern auf Augenhöhe, nehmen sie den Seelsorger, die Seelsorgerin als Gesprächspartner ernst und unterscheiden sehr wohl zwischen der Person des Seelsorgers und der Institution, die er oder sie repräsentiert.

Ich habe oft erlebt, dass sich aus vermeintlich oberflächlichem Smalltalk über Fußball, den Sonntagskrimi oder das Berufsleben ernste, tiefgehende Gespräche entwickeln können, die ich durchaus als seelsorgliche Gespräche bezeichnen würde. Mittlerweile geschieht es sehr häufig, dass Menschen, von denen ich es überhaupt nicht erwartet hätte, mich bitten, eine Kerze für einen kranken Menschen anzuzünden oder in einem für sie wichtigen Anliegen für sie zu beten. Und so brennt am Kerzenständer in unserer Marienkapelle ein Licht für einen Menschen, der mich über Twitter, Facebook oder Instagram damit »beauftragt« hat. Genau das ist meiner Ansicht nach der ureigene Auftrag eines Benediktinermönches, der in seiner Profess öffentlich versprochen hat, für die Welt, das heißt für die Menschen zu beten, auch stellvertretend für jene, die es, aus welchem Grund auch immer, nicht (mehr) können.

Spirituelle Impulse – eine Erfolgsgeschichte

Ein wichtiger Bereich der Website internetseelsorge.de sind die Empfehlungen spiritueller Angebote im Netz. Da ist im Lauf der Zeit eine große Vielfalt unterschiedlichster Angebote zusammengekommen. Sie richten sich an geistlich suchende Menschen, die in der offiziell verfassten, »analogen« Kirche keinen Raum oder keine Antworten mehr finden, stattdessen jedoch häufig im Internet unterwegs sind und hier Gleichgesinnte finden wollen. Es gibt Angebote für alle Altersgruppen: Jugendliche, junge Erwachsene, Menschen in der Lebensmitte und auch die »Silver Surfer«, die Generation der über Sechzigjährigen, hat das Netz mit seinen Möglichkeiten entdeckt. Die Angebote werden von Bistümern, Orden, kirchlichen Hilfswerken, aber auch von engagierten Einzelpersonen getragen. Viele haben über längere Zeit dazu eine eigene Community aufgebaut.

Ein schönes Beispiel ist die Community des YouTubers Ludwig Martin Jetschke, im Netz als »Lingualpfeife« bekannt. Der Kirchenmusiker hat damit begonnen, dass er eine Kamera auf seiner Orgelbühne installierte und Stücke, die er spielte, mit kleinen Erklärungen streamte. Mittlerweile hat sich um ihn eine große Gemeinschaft gebildet, die sich zudem in der »realen« Welt trifft und über Gott und die Welt diskutiert. Auch das ist übrigens – wie die Twomplet – eine Initiative, die ohne jede Beteiligung von offiziellen Stellen, ohne finanzielle Mittel aus dem Volk Gottes heraus entstanden ist.

Einen großen Teil der Angebote machen Impulse aus, die vor allem in geprägten Zeiten – also in der Advents- und Weihnachtszeit, um Ostern und andere Feiertage herum – den Leserinnen und Lesern, die nicht unbedingt jeden Sonntag in die Kirche gehen, geistliche Nahrung vermitteln sollen. Auf eigens dafür eingerichteten Webseiten, aber auch als persönlich zugesandte tägliche oder wöchentliche Newsletter wollen sie Denkanstöße sein, sich mit eigenen Lebens- und Glaubensfragen auseinanderzusetzen. Gerade in der Adventszeit ist der Markt der spirituellen Impulse auf ein kaum noch zu überschauendes Maß angewachsen, sodass es durchaus zu einer spirituellen Übersättigung kommen kann, wenn man nicht gut auswählt, was zu einem passt.

Dennoch ist es meines Erachtens gerechtfertigt, dass es so viele verschiedene Formate gibt, denn so wird auch die Vielfalt der Menschen abgebildet, und jede und jeder kann wirklich das finden, was er oder sie braucht. Vor einigen Jahren habe ich mit einigen Mitbrüdern angefangen, in den geprägten Zeiten tägliche Impulse zur jeweiligen Tagesliturgie an einen interessierten Kreis zu versenden – zunächst relativ einfach als E-Mail-Newsletter, mittlerweile in einer professionelleren Variante. Die Impulse orientieren sich gut benediktinisch an der Liturgie des jeweiligen Tages und sind relativ einfach aufgebaut: ein Bild, ein Bibelvers, eine kurze Meditation. Sie leben von der Vielfalt der Impulsschreiber, verschiedener Brüder aus der Abtei Königsmünster, die ihren persönlichen Glaubensweg mit in ihre Denkanstöße bringen. Das wird von vielen geschätzt – und als wir wegen der oben beschriebenen Inflation spiritueller Impulse einmal pausiert haben, waren so viele enttäuscht und haben nachgefragt, dass wir im nächsten Jahr wieder neu gestartet sind.

Gerade um die Klöster haben sich seit jeher Freundeskreise, Oblaten, Förderinnen und Förderer gesammelt, welche die jeweilige Gemeinschaft unterstützen und dafür im Gegenzug Impulse für ihr Leben aus der Tradition des Ordens erhalten. Mittlerweile versenden wir die täglichen Impulse per Newsletter an ca. 600 Abonnentinnen und Abonnenten, stellen sie auf unsere Webseite und teilen sie auch in den Sozialen Medien.

Gerade dort ist es für jeden Menschen einfach und ohne Hürde möglich, mit uns in Kontakt zu treten, ein Like oder einen Kommentar zu hinterlassen, manchmal auch eine Frage zum Impuls zu stellen. Das würden sich viele »in echt« nicht trauen, weil sie sich scheuen, einen fremden Menschen anzusprechen. Daraus haben sich jedoch schon einige gute Gespräche entwickelt – vergleichbar dem Zusammenstehen auf dem Kirchplatz nach der Sonntagsmesse, wo über die Sonntagspredigt gesprochen wird. Auch von diesem digitalen Austausch leben die Impulse, und er fließt mit in die ständige Weiterentwicklung derselben ein.

Digitale Rituale

Rituale – jeder kennt sie und pflegt sie, auch wenn ihm das nicht immer bewusst ist. Sie gehören zum Leben – analog und digital. Wichtig ist dabei aber, dass sie stimmig sind, das heißt, dass sie eine Bedeutung für den Menschen haben und nicht nur aus Routine oder überkommenen Traditionen heraus vollzogen werden. Dann geben Rituale Sicherheit, sie versprechen Schutz und Beständigkeit in einer sich rasant wandelnden Welt. Man kann sich an ihnen festhalten, auch im eigenen Alltag. Rituale geben dem Leben Sinn und strukturieren es, sie bestärken uns und versprechen uns Halt und Orientierung. Jeder Mensch erschafft sich seine ganz eigenen Rituale, die ihm guttun. Und daher gibt wohl auch so viele Rituale, wie es Menschen gibt.

Wenn wir gute Rituale pflegen, die sich mit der Zeit durchaus ändern können (und müssen, wollen wir beweglich bleiben), leben wir nicht einfach in den Tag hinein, sondern gewinnen Halt und Orientierung. Daher ist es gut, von Zeit zu Zeit immer wieder einmal auf die Rituale zu schauen, die mich im Leben begleiten: Passen sie noch? Wo muss ich vielleicht neue Rituale finden oder erfinden? Unbewusst hat jeder Mensch Rituale, die er gewohnheitsmäßig vollzieht, ohne groß darüber nachzudenken: Viele stellen sich beispielsweise immer für eine bestimmte Uhrzeit den Wecker und beginnen den Tag in einer genau festgelegten Reihenfolge, einem minutiös durchgeführten Ritual: waschen, anziehen, Kaffee kochen, frühstücken, Zeitung lesen ... Über all das reflektieren wir nicht, während wir es tun, es geschieht einfach und gibt uns Sicherheit und Orientierung.

Dann gibt es Familienrituale: die Absprachen beim Frühstück, das Sprechen über den Tag beim Abendessen, der Sonntagsspaziergang, die genau festgelegte Abfolge an Heiligabend.

Und natürlich kennen wir alle die christlichen Rituale im Gottesdienst, die genau einstudierte Choreographie aus Sitzen, Stehen, Knien, Sprechen und Zuhören, die prachtvollen Gewänder, der Weihrauch, die Prozessionen. Gerade im Kloster spielen Rituale eine sehr große Rolle, ist der Tag doch durch sie durchstrukturiert und sein Ablauf vorgegeben. Es beginnt mit dem Stundengebet, das den Tag gliedert, gefolgt von den Ritualen beim Essen, in Sitzungen, im Vorfeld einer Reise, an den Feiertagen bis hin zum Sterberitual im Konvent.

Auch in der digitalen Welt gibt es Rituale – warum sollte es die nicht geben, wenn wir doch das Internet als Lebensraum definieren, in dem sich Menschen selbstverständlich aufhalten? Wenn ich morgens Twitter öffne, ist meine Timeline voller Begrüßungen. Sei es das nordisch-knappe »Moin«, das badische »Gude Morge« oder einfach ein »Hallo« oder »Guten Morgen«. Der eine begrüßt die Follower mit einem besonderen Musikstück, die andere zeigt das Bild des frisch gebrühten Morgenkaffees. Es sind Begrüßungsrituale, welche die oft als so kalt verschrieene digitale Welt mit Menschlichkeit und Wärme erfüllen. Für mich wird es zum Beispiel nicht Nacht, ehe ich nicht auf Twitter einen letzten Tweet geschrieben habe, der schon seit Jahren immer gleich lautet. Es ist ein kleiner Abendsegen: »Gute Nacht. Schlaft gut und seid behütet.« In der Osterzeit füge ich christlicher Tradition gemäß gerne ein »Halleluja« an. Einige haben mir schon gesagt, dass sie sehnsüchtig auf diesen Gruß warten, und sind enttäuscht, wenn er einmal nicht kommt – ein echtes Ritual, ganz einfach und doch tiefgehend.

Gerade in der Hochphase der Corona-Pandemie im Frühjahr 2020 haben sich neue Rituale im Netz entwickelt. Eines davon ist der sogenannte **#SocialCoffee**, bei dem sich TwitteruserInnen zu einer bestimmten Zeit auf einen Kaffee trafen – jeder an seinem Ort vor dem Computer und doch miteinander verbunden. Der **#SocialCoffee** war eine digitale Kaffeepause (natürlich durfte man auch Tee trinken), eine Unterbrechung des Arbeitsalltags im Homeoffice. Und er war eine gute Gelegenheit, sich in dieser schweren Zeit gegenseitig zu stärken, einander von dem zu erzählen, was einen gerade bewegt oder auch belastet, einander Anteil zu geben am eigenen Leben oder auch einfach nur ein wenig zu »klönen« – ein Heilmittel gegen die Einsamkeit.

Manche Rituale verbinden »reale« und »virtuelle« Welt. Für viele gehört es beispielsweise zum Sonntagabend dazu, den »Tatort« im Fernsehen zu schauen. Manche haben dabei ihr Smartphone in der Hand und unterhalten sich mit anderen Social-Media-Nutzern über die Handlung. Selbst der »Tatort« als Marke hat einen eigenen Twitteraccount, auf dem während der Sendung Hintergründe und Wissenswertes zur Folge gepostet werden. Diese Kombination von Ritualen in physischer und virtueller Welt gehört für viele Menschen zu ihrem Alltag und gibt ihnen Orientierung.

Vom Fremden lernen

Kirche, die sich im digitalen Raum bewegt, kann nur dann eine Relevanz behalten oder bekommen, wenn sie bereit ist, von den Menschen, die ihr dort begegnen, zu lernen und sich gerade von denen, die ihr fremd sind oder denen sie fremd ist, etwas sagen zu lassen. Doch gerade mit einem solch wahrhaft dialogischen Kommunikationsstil tun sich viele - gerade in der Hierarchie der Kirche - schwer. Zu oft wurde der Akzent auf das Lehren gelegt, auf das »Einhämmern« von Dogma und Moral, auf die einseitige Kommunikation von oben nach unten. Dabei hat die Kirche in Jesus, auf den sie sich beruft und dem sie nachfolgt, ein Vorbild dafür, wie es anders gehen könnte. Eine Episode aus dem Matthäusevangelium (Matthäus 15,21–28) zeigt das sehr deutlich:

Jesus kommt in das Gebiet von Tyrus und Sidon - eine Region, in der Menschen leben, die nicht der jüdischen

Religion angehören, Fremde, auf welche die Juden verächtlich herabblicken. Jesus zieht sich dorthin zurück, das heißt, er möchte seine Ruhe haben, sich ausruhen von den ermüdenden Streitgesprächen, die er mit führenden Vertretern seines eigenen Volkes, seiner eigenen Religion immer wieder führen muss – so legt es der unmittelbare Kontext dieser Szene nahe. Mitten in diese Situation kommt eine kanaanäische Frau aus der Stadt, eine für Jesus fremde Frau, auf ihn zu, um ihn um die Heilung ihrer Tochter zu bitten, die krank ist, die »von einem Dämon gequält« wird. Offenbar hat die Frau schon einiges von dem Heiler Jesus gehört und will seine Dienste für sich beziehungsweise für ihr krankes Kind beanspruchen. Jesu erste Reaktion: Schweigen. Keine Antwort. Kein Schweigen, wie wir es von Meditationstagen kennen, also kein erfülltes, sondern ein kühles, abweisendes Schweigen. Auf die Bitten seiner Jünger lässt Jesus sich doch zu einer Reaktion bewegen: »Ich bin nur zu den verlorenen Schafen des Hauses Israel gesandt.« Jesus erklärt sich also für nicht zuständig – eine bis heute beliebte Strategie, um in Ruhe gelassen zu werden: Das geht mich nichts an, sollen die anderen machen! Ich habe damit nichts zu tun! Als die Frau immer noch nicht locker lässt und ihn direkt anspricht, platzt Jesus der Kragen, und er antwortet ihr in einer Schroffheit, die wir von ihm nicht gewohnt sind: »Es ist nicht recht, das Brot den Kindern wegzunehmen und den Hunden (den Hündlein) vorzuwerfen.« Als »Hunde« bezeichneten die Juden damals abfällig die Heiden. Doch auch das übergeht die Frau, sie zeigt wirkliche Größe, indem sie diese Beleidigung nicht als Rechtfertigung für eine Erwiderung nimmt, sondern sie sozusagen noch zu ihren Gunsten wendet: »Ja, Herr! Aber selbst die kleinen Hunde essen von den Brotkrumen, die vom Tisch ihrer Herren fallen.« Jesus ist tief bewegt vom Glauben der Frau, und er heilt ihre Tochter.

Was mich an dieser Geschichte so berührt, ist, dass uns hier ein ganz anderer Jesus vor Augen geführt wird als der liebe und sanfte, der alle Menschen heilt und zu allen gut ist. Es ist ein durch und durch menschlicher Jesus, der mir hier entgegenkommt, einer mit Ecken und Kanten, der müde und erschöpft ist, einfach nur seine Ruhe haben will und entsprechend heftig reagiert, wenn er sich bedrängt fühlt. Vor allem aber sehen wir hier, dass Jesus etwas lernt. Er ist nicht perfekt, sondern auf einem Weg. Er lässt es zu, von fremden Menschen etwas zu lernen, von ihrem Glauben, ihrer Demut.

Der Priester und Dichter Wilhelm Bruners, der lange in Jerusalem lebte, hat ein kleines Büchlein geschrieben, das mich seit meinen Anfangsjahren im Kloster begleitet. Es trägt den Titel »Wie Jesus glauben lernte« und es macht ernst mit der Tatsache, dass Jesus nicht nur ganz Gott ist, sondern vor allem auch ganz Mensch. Das heißt: Nichts Menschliches ist ihm fremd, und wie jeder Heranwachsende macht er einen Entwicklungsprozess durch und bleibt Zeit seines Lebens ein Lernender. Er hat sich nicht gescheut, gegen alle Konventionen seiner Zeit bei Fremden in die Lehre zu gehen – dazu noch bei fremden Frauen! Die Erzählung der Begegnung Jesu mit der kanaanäischen Frau ist für Bruners ein beredtes Beispiel dafür. Und noch im Garten Getsemani, am Vorabend seiner Passion, war Jesus bereit zu lernen, denn eigentlich hat er darum gebetet, dass der Kelch des Leidens an ihm vorübergehe, doch er kommt zu der Einsicht: »Aber nicht mein Wille, sondern dein Wille geschehe.« Bis zu seinem Tod blieb Jesus ein Lernender.

So wie Jesus sein ganzes Leben lang bereit war, von Menschen zu lernen, die nicht seinem Volk oder seiner Religion angehörten, so muss Kirche auch heute bereit sein, von den Menschen zu lernen, denen sie auf ihrem Weg begegnet und die eben nicht von vornherein zu ihrer (Glaubens-)Gemeinschaft gehören. Das Zweite Vatikanische Konzil hat im Rückgriff auf das Alte Testament Kirche als »pilgerndes Gottesvolk«, als »Volk Gottes auf dem Weg« definiert. Und dieses Auf-dem-Weg-Sein beinhaltet, dass die Kirche keine »societas perfecta«, keine vollkommene Gesellschaft ist, sondern »semper reformanda«, eine Kirche, die immer der Reform bedürftig ist, die auch Fehler macht. Eine solche Kirche besteht aus Menschen, die miteinander die Wahrheit suchen und nicht vorgeben, sie zu besitzen. Denn Wahrheit ist für uns kein Besitz, keine Lehre, sondern eine lebendige Person. Jesus hat es selbst von sich gesagt: »Ich bin die Wahrheit.« Wenn es uns ernst damit ist, dass wir Suchende sind, also noch nicht angekommen auf unserem Weg, und dass wir gemeinsam mit anderen die Wahrheit suchen und sie nicht schon besitzen, dann müssen wir bereit sein, Lernende zu bleiben und von anderen zu lernen. Dazu muss die Kirche jedoch ihre angestammten Räume, in denen sie sich gut auskennt, verlassen, vom hohen Ross der Kanzel heruntersteigen und sich wirklich den Menschen aussetzen – denen auf der Straße und denen, die im Netz unterwegs sind. Sie wird sich von diesen Menschen etwas sagen lassen müssen. Und das heißt: Bevor sie spricht, wird sie zunächst einmal auf das hören müssen, was die Menschen wirklich bewegt – und auf das, was sie an der Kirche stört. Das ist sicher nicht einfach, und es macht Kirche verletzlich, aber nur eine solche Lernbereitschaft wird ihr wieder zu einer Glaubwürdigkeit vor den Menschen verhelfen. Denn das ist meine Erfahrung als ein Vertreter der Kirche, der sich schon lange im Netz bewegt: Nur wenn ich mich wirklich einlasse auf das, was die Menschen bewegt, und nicht zu schnell mit fertigen Lösungen komme, mit Antworten auf Fragen, die gar nicht gestellt worden sind, dann werden mich die Menschen als Gesprächspartner ernst nehmen. Auf Augenhöhe kommunizieren – das ist nicht nur ein Schlagwort, das wird hier zu einer Lebenshaltung, die im Netz überlebenswichtig ist, wenn ich mich nicht in ein selbstgewähltes Getto zurückziehen möchte.

Klausur und Internet

»Wie hältst du es mit der Klausur des Klosters, also mit dem abgeschlossenen Bereich, der nur den Mönchen zugänglich ist? Wie lässt sich das Leben im Internet mit dem Leben in Klausur vereinbaren? Wird durch das Internet nicht die Welt in die Klausur eingelassen und der Wert des Schweigens vernachlässigt? Wird die Klausur, dieser so wichtige Schutzraum im Leben jeder Gemeinschaft, vernachlässigt?« Solche Fragen höre ich oft, wenn ich anderen von meinem Engagement und meiner Tätigkeit in den Sozialen Medien erzähle. In einem Kloster stellen sich solche Fragen sicher noch einmal dringlicher als in der Welt »draußen«, allerdings glaube ich, dass sie auch Menschen außerhalb des Klosters etwas angehen, denn hier geht es um grundlegende Fragen der Abgrenzung, des Verhältnisses von Alleinsein und Gemeinschaft, des so notwendigen Rückzugsraumes, einer »inneren Klausur«, die jeder Mensch gerade in Internetzeiten braucht. Leider bleibt die Frage oft bei der äußerlichen Klausur stehen – ich möchte sie hier aber tiefer, innerlicher verstehen: Wie viel Welt lasse ich in meine innere Klausur herein?

Zunächst einmal ist die Frage nach diesem Zusammenwirken von Welt und Kloster, nach der Spannung zwischen Weltoffenheit und Weltdistanz so alt wie das Mönchtum. Und vielleicht sind es auch die kritischen Anfragen an neue Technologien, die immer nur Hilfsmittel sein wollen, aber früher oder später auch hinter Klostermauern Einzug halten. Das war nicht anders, als das Telefon in die privaten Zimmer der Mönche kam. Viele haben damals schon von einem Aufgeben der Klausur gesprochen – und mittlerweile gehört das Telefon selbstverständlich dazu.

Zudem finde ich in diesem Zusammenhang bedenkenswert, dass jeder Mönch immer schon eine eigene Welt mit ins Kloster bringt. Niemand kann einfach sein Leben, seine Beziehungen an der Klosterpforte zurücklassen oder mit der Profess aufgeben. Es kommt einfach immer darauf an, mit dieser Welt, die mich ausmacht und auch ein Stück meiner Individualität darstellt, gut umzugehen. Ich habe schon vom »inneren Raum« gesprochen, zu dem kein anderer oder nur sehr wenige Menschen Zutritt haben. Dazu gehört auch, dass ich diesen Raum in mir pflege, unter anderem durch internetfreie Zeiten. Die klösterliche Struktur hilft mir da natürlich, denn so habe ich in den Tagesrhythmus eingebaut drei handyfreie Stunden, die allein für Gott und meine Gemeinschaft reserviert sind – das Stundengebet in der Kirche, aber auch die Mahlzeiten und gemeinsamen Zeiten mit der Gemeinschaft. Mir ist es zudem wichtig, dass die ersten Stunden des Tages für den reserviert sind, dem ich mein Leben versprochen habe. Hier bin ich erst einmal »offline«. Zusätzlich sind die ersten Tage im neuen Jahr für mich eine handyfreie Zeit – dann haben wir unsere gemeinschaftlichen Exerzitien, geistliche Tage, um das Jahr miteinander zu beginnen. In dieser Zeit bleiben auch unsere Gästehäuser geschlossen und wir reduzieren generell unsere Außenkontakte – soweit das möglich ist.

Benedikt beantwortet in seiner Regel sinnigerweise nicht die Frage nach einem richtigen Verhältnis von Klausur und Internet, aber zu etwaigen Außenkontakten hat er einiges zu sagen. Er versucht dabei, die Balance zwischen zwei wichtigen Anliegen zu halten, die miteinander in Spannung stehen: auf der einen Seite die Gastfreundschaft, die Tatsache, dass »Gäste dem Kloster nie fehlen sollen«, auf der anderen Seite der notwendige Schutz der Gemeinschaft vor zu viel Zerstreuung, um noch auf gute Weise das klösterliche Leben führen zu können. Benedikts Haltung ist dabei grundsätzlich vom Vertrauen gegenüber seinen Mönchen geprägt. Das unterscheidet seine Regel von seiner direkten Vorlage, der sogenannten Magisterregel, einer Vorschriftensammlung für Mönche, in der eher ein Grundmisstrauen gegenüber den Menschen deutlich wird, das sich in einem Hang und Zwang zu übermäßiger Kontrolle ausdrückt. Als Pförtner setzt Benedikt einen Mönch ein, der »reif ist und erfahren, der Rede und Antwort zu stehen weiß und den sein reifer Charakter daran hindert, sich draußen herumzutreiben« (vgl. RB 66). So kann er seinen Dienst an der Schwelle von Kloster und Welt verantwortungsvoll tun, indem er auf der einen Seite den Gästen gegenüber freundlich und zuvorkommend, ja ehrfurchtsvoll ist, auf der anderen Seite jedoch die Gemeinschaft vor zu viel Ablenkung von außen schützt.

Übertragen auf das Verhältnis von Klausur und Internet geht es hier nicht um das grundsätzliche Verbot, sondern um ein ausgewogenes Verhältnis: Inwiefern dient meine Präsenz im Internet dem Ziel, »jedem Rede und Antwort zu stehen, der nach der Hoffnung fragt, die mich erfüllt« (vgl. 1 Petrus 3,15)? Wo bin ich in der Gefahr, mich zerstreuen zu lassen, mich abzulenken vom Wesentlichen, das ich in meiner Profess versprochen habe? Muss ich mich wirklich zu jedem Thema äußern, das in den Sozialen Medien gerade diskutiert wird, muss ich »jede Sau mit durchs Dorf treiben«?

Wichtig sind für Benedikt gemeinsame Absprachen, die einen möglichst breiten Konsens innerhalb der Gemeinschaft darstellen und die dann auch von jedem eingehalten werden. Wichtig ist für ihn außerdem die Schulung zur Selbstverantwortung der Brüder, das, was wir im

Bereich des Internets als Medienkompetenz bezeichnen. Der Begriff der Selbstverantwortung scheint mir hier ein Schlüsselwort zu sein, der auch für Menschen außerhalb des Klosters zentral ist. Diese muss jeder Mensch im Tun, in der Praxis lernen. So halte ich ein generelles Handyverbot für Kinder beispielsweise für nicht zielführend - und heute auch gar nicht mehr für praktikabel, denn damit schließe ich Kinder vom gesellschaftlichen Leben aus. Unabdingbar ist aber eine gute Erziehung zur Selbstverantwortung, eine gute und förderliche Begleitung der Kinder durch Eltern und Lehrer, die das Smartphone nicht verteufeln, sondern realistisch die Chancen und Gefahren sehen und mit ihren Kindern darüber ins Gespräch kommen. So kann sich nach und nach ein »innerer Pförtner« ausbilden, der manchmal »Stopp« sagen kann, um so die jeweilige Privatsphäre zu schützen und zudem den heiligen Raum meiner Mitmenschen respektiert. Auch Erwachsene brauchen übrigens diesen »inneren Pförtner«, und da hilft es, wenn ich gute Freundinnen und Freunde habe, die mit mir darüber sprechen und von denen ich mir etwas sagen lasse, wo ich in Gefahr gerate, mich zu verrennen.

Grundhaltungen in Bezug auf den Gebrauch von Social Media und Internet

Viele Firmen und Gruppen vereinbaren »Social Media Guidelines«, Richtlinien in Bezug auf die Nutzung der Sozialen Medien. Der Name sagt, was ich schon in Bezug auf Benedikt meinte: Es kann nicht um ein generelles Verbot gehen, das wäre auch im Kloster, viel mehr aber noch draußen in der Welt und im normalen Arbeitsleben unrealistisch. Es geht vor allem um Hinweise, die die Richtung angeben beziehungsweise Orientierungshilfen sind für einen verantwortlichen Internetgebrauch.

Die Deutsche Bischofskonferenz hat vor einigen Jahren für kirchliche MitarbeiterInnen Social Media Guidelines entwickelt, die mehr als Grundhaltungen verstehbar sind, mit denen wir uns im Netz bewegen sollten. Diese Grundhaltungen möchte ich im Folgenden aufgreifen und kurz ausbuchstabieren.[15]

Identifizierbarkeit: Im Netz handeln Menschen aus Fleisch und Blut, und das sollte bei einem Blick auf das jeweilige Profil auch deutlich werden. Es geht also darum, Gesicht zu zeigen, sich als Mensch und als dieser bestimmte Mensch zu erkennen zu geben.

Wahrhaftigkeit: Glaubwürdigkeit und Authentizität sind Haltungen, die heute generell geschätzt werden. Auch im Netz werde ich eher als Gesprächspartner ernstgenommen, wenn ich nicht von oben herab spreche oder mich hinter Dogmen verschanze, sondern wenn andere sehen, dass ich hinter dem stehe, was ich sage. Lehre und Leben, Worte und Taten sollten nicht auseinanderklaffen. In Bezug auf die Kirche heißt das auch, dass ich darauf achte, dass wirklich wahrhaftig über sie berichtet wird. Das bedeutet nicht Vertuschung und Schweigen über Unliebsames, sondern ein Korrigieren da, wo falsch berichtet oder gesprochen wird. Umgekehrt bedeutet das natürlich auch, dass sich die Kirche dazu verpflichtet, wahrhaftig zu sein. Gerade im Zug der unsäglichen Fälle von sexueller Gewalt und (geistlichem) Missbrauch bedeutet das, dass die offizielle Kirche schonungslos das Versagen in den eigenen Reihen aufklärt und nicht versucht, unliebsame KritikerInnen in den eigenen Reihen mundtot zu machen oder jeder Kritik mit Medienschelte zu begegnen. Zum Glück ist bei einigen Bischöfen in den letzten

Jahren das Bewusstsein dafür gewachsen, und es stimmt mich zuversichtlich, dass der Vorsitzende der Deutschen Bischofskonferenz, Georg Bätzing, die säkularen Medien dezidiert dazu auffordert, das an Aufklärung zu tun, was einige in der Kirche leider noch nicht in der Lage sind zu leisten.[16]

Verantwortlichkeit: Ich bin für das verantwortlich, was ich sage. Gerade im Internet ist es wichtig, sich die Reichweite und »Halbwertszeit« der eigenen Aussagen vor Augen zu stellen. Das Internet vergisst nicht – oder nur sehr langsam. Hier hilft das Bild vom Restaurant: Die Sozialen Netzwerke sind einer Kommunikation im Restaurant vergleichbar, bei der die Menschen am Nachbartisch mithören können, was ich von mir gebe.

Expertise und Relevanz: Ich muss nicht zu jedem Thema meine Meinung herausposaunen. Womit ich mich auskenne, wo ich Expertise in einem Bereich besitze, ist es gut, wenn ich sachlich und nüchtern etwas zur Diskussion beitrage, aber wenn ich zu allem und jedem meinen Senf dazugeben muss, verliere ich schnell meine Glaubwürdigkeit. Im Netz mangelt es nicht von »Experten« beziehungsweise von denen, die sich für solche halten.

Wertschätzender Umgangston: Hier hat sich der Begriff »Netiquette« eingebürgert, eine Wortneuschöpfung aus den Begriffen Netz und Etikette. Gerade wenn eine Diskussion kontrovers verläuft, wenn Meinungen auseinandergehen und Emotionen hochkochen, ist es wichtig, mein Gegenüber als Mensch wertzuschätzen und zu respektieren, auch wenn ich seine Meinung nicht teile. Ich finde es erschreckend, dass gerade in den Kommentarspalten von katholischen Seiten mit einer Vehemenz sprachlich aufeinander eingedroschen wird und man sich gegenseitig den Glauben abspricht, sodass es andere nur verschrecken kann. Hier wird wahrhaft kein Glaubenszeugnis gegeben, das Menschen anzieht und Kirche attraktiv macht. Das Netz menschlicher zu machen, ist für mich eine schöne Maxime meines Handelns im Internet.

Respekt: Im Unterschied zum wertschätzenden Umgangston, der sich eher auf den individuellen Menschen bezieht, meint Respekt hier die Wertschätzung anderer Traditionen und Religionen, die auch im Internet vorhanden sein sollte. Dazu verpflichten wir uns als Christen, das dürfen wir dann aber auch von anderen erwarten und einfordern.

Humor: Das ist vielleicht die wichtigste Grundhaltung. Humor meint, nicht über andere zu lachen, sondern mit ihnen. Humor meint, auch einmal über sich selbst lachen zu können, sich selbst nicht so wichtig zu nehmen. Dabei ist allerdings auch zu bedenken, dass Humor gerade im Netz, wo die Dimension des persönlichen Gegenübers, das sprichwörtliche »von Angesicht zu Angesicht« wegfällt, missverstanden werden kann. Viele nutzen daher ein sogenanntes Emoji, den augenzwinkernden Smiley, um den nicht ganz ernst gemeinten Beitrag zu verdeutlichen.

Fehlerkultur: Wie oft sind Shitstorms entstanden, weil jemand ein unbedachtes Wort in einem Posting geäußert hat! Hier wäre auf allen Seiten mehr Gelassenheit vonnöten. Menschen machen Fehler. Wichtig ist, dass ich mich für einen erkannten Fehler, ein unbedachtes Wort entschuldige beziehungsweise um Entschuldigung bitte, dass ich meine Aussage korrigiere und unter Umständen das missverständliche Posting lösche. Dann können wir aus unseren Fehlern lernen und sie in Zukunft verhindern.

Interna/Vertrauliches: Interna aus Firmen, der Familie, aus dem Gemeinschaftsleben sollen intern bleiben und gehören nicht in die Sozialen Netzwerke. Nur wer ein Geheimnis wahren kann, ist zur Freundschaft fähig. Das lernt schließlich jedes Kind in seiner Entwicklung.

Schutz der Persönlichkeitsrechte und personenbezogener Daten: Über Datenschutz ist gerade in den letzten Jahren, auch aufgrund der neuen Datenschutzgrundverordnung, viel gesprochen und durchaus kontrovers diskutiert worden. Wichtig ist in meinen Augen, dass wir letztendlich keine Daten schützen – denen ist es herzlich egal, was mit ihnen passiert –, sondern Menschen. Es gehört sich nicht, ungefragt Bilder meiner Mitmenschen, auch meiner Freunde, im Netz zu veröffentlichen – einmal ganz davon abgesehen, dass es gesetzlich verboten ist und dem Recht am eigenen Bild zuwiderläuft. Wer in einer Gruppe zusammensitzt und davon ein Foto für die Sozialen Netzwerke macht, sollte auch im privaten Bereich den anderen um sein Einverständnis zu einer Veröffentlichung bitten.

Ein grundlegendes Knowhow beziehungsweise eine Grundsensibilität sollte ebenfalls dazugehören. Ich habe es leider auch in kirchlichen Zusammenhängen noch im Jahr 2020 oft erlebt, dass mir in E-Mails die Mailadressen aller anderen Empfänger öffentlich im Adressfeld angezeigt werden. Wozu gibt es die »Blind Copy«-Funktion (BCC)? Hier liegt eine Verletzung des Datenschutzes vor, die vermeidbar wäre. Und nicht jede vertrauliche E-Mail muss im Cc an die gesamte Abteilung oder Familie geschickt werden.

»Sehen Sie Ihr Engagement in den Sozialen Netzwerken als spannende und als lohnende Herausforderung.« Mit diesem Satz enden die Richtlinien der Deutschen Bischofskonferenz zum Gebrauch Sozialer Medien. Wenn ich mir dieser Grundhaltungen bewusst bin, kann eine – nicht nur kirchliche – Präsenz im Internet tatsächlich eine spannende und lohnende Herausforderung sein, jeden Tag neu.

Dialogische Kommunikation, oder: Was die Kirche von der Deutschen Bahn lernen kann

Ich erinnere mich noch lebhaft an die Bilder von Papst Benedikt XVI., als er vor einem Tablet saß, auf dem gerade sein neuer Twitteraccount freigeschaltet worden war. Sein Gesichtsausdruck ähnelte dem eines kleinen Kindes, das gerade ein neues Spielzeug ausprobiert: neugierig auf das, was kommen wird, bereit, neue und bisher unbekannte Welten zu entdecken. Mittlerweile hat der Twitteraccount (@Pontifex) über 18 Millionen Follower, der Papst twittert auf Italienisch, Deutsch, Spanisch, Englisch, Französisch, Portugiesisch, Polnisch, Arabisch und natürlich auf Latein. Und mit dem Amtswechsel von Benedikt zu Franziskus hat auch der Twitteraccount einen Stabwechsel erfahren. Mehrmals am Tag werden hier kurze Botschaften abgesetzt, die entweder den Predigten der Frühmessen, besonderen Botschaften oder Enzykliken entnommen sind oder Bezug nehmen auf einen besonderen Tag oder den Heiligen beziehungsweise das Festgeheimnis des Tages. Auch auf Instagram ist der Papst mittlerweile aktiv. Ich lese die Botschaften gerne, es sind kleine Unterbrechungen in der Hektik des Alltags und auch in der Schnelllebigkeit meiner Timeline, die mich innehalten lassen und den Blick auf Wesentliches lenken. Allerdings vermisse ich daran das wahrhaft Dialogische, von dem jede Kommunikation in den Sozialen (!) Medien lebt. Das fängt schon damit an, dass dem Papst zwar unzählige Menschen folgen, er selbst aber nur acht weiteren Accounts folgt – nämlich seinen eigenen in den jeweiligen Sprachen. Und er antwortet nie auf Rückfragen zu seinen Tweets. Natürlich kann er sich nicht ernsthaft selbst darum kümmern, auf jede Frage beziehungsweise jeden Kommentar seiner Follower zu antworten (zu oft sind da die üblichen kirchenfeindlichen Kommentare, die immer auftauchen, wenn sich eine Person der Kirche äußert), aber warum kann so etwas nicht ein gut ausgestattetes Twitterteam tun, wie es jeder bekannte Politiker oder andere Prominente heute beschäftigt? Hier werden Chancen vertan, mit Menschen ins Gespräch zu kommen, die uns sonst eher selten die Möglichkeit geben, mit ihnen zu sprechen. Gerade die Sozialen Medien bieten eine hervorragende Gelegenheit, über Inhalte zu diskutieren und auf Fragen zu antworten, die andere wirklich beschäftigen. Wer die

Plattformen nur dazu nutzt, um die eigenen Predigten einem breiteren Leserkreis verfügbar zu machen, aber dann nicht mehr auf Rückfragen reagiert, der verfehlt im Grunde den Daseinszweck von Facebook, Twitter und Co.

Zum Glück gilt das nicht für alle kirchlichen Persönlichkeiten. Ein positives Gegenbeispiel für eine echte dialogische Kommunikation in den Sozialen Netzwerken ist der Erzbischof von Bamberg mit seinem Twitteraccount (@ BischofSchick), den er selbst bedient. Hier äußert er immer wieder auch durchaus kontroverse Gedanken und kommt darüber mit seinen Followern ins Gespräch. Des Weiteren wären hier viele engagierte Einzelpersonen, Ordensleute, Priester, GemeindereferentInnen zu nennen. Alle diese Menschen sind mit Herzblut als Seelsorger in der digitalen Welt unterwegs und machen das meist nebenberuflich ehrenamtlich in ihrer freien Zeit. Wäre es nicht endlich angebracht, gerade diesen virtuellen Seelsorgedienst auch institutionell zu verankern und Menschen gezielt dafür auszubilden und freizustellen? Das würde die Arbeit so vieler Haupt- und Ehrenamtlicher im Internet wertschätzen und aufwerten.

Hinsichtlich einer gelungenen Social-Media-Kommunikation könnte sich da die Kirche durchaus eine Scheibe von der Deutschen Bahn abschneiden, die in sonstigen Zusammenhängen nicht unbedingt für Zuverlässigkeit und gelungene Kommunikation steht. Wenn ich unterwegs bin und mein Zug verspätet sich, brauche ich nur das Social-Media-Team der Deutschen Bahn anzuschreiben, und ich habe innerhalb von wenigen Minuten eine Antwort auf meine Frage. Und wenn es noch keine verlässlichen Informationen gibt, bekomme ich ein freundliches Wort und man wünscht mir eine gute Weiterreise – so wie es der heilige Benedikt in seiner Klosterregel vom Cellerar, dem wirtschaftlichen Leiter des Klosters, verlangt: »Wenn er einem Bruder nichts geben kann, so schenke er ihm wenigstens ein gutes Wort, denn ein gutes Wort geht über die beste Gabe« (vgl. RB 31).

Das gilt bei der Bahn auch, wenn ich meinem Ärger über einen unfreundlichen Zugbegleiter Luft mache: Dann hört mir mein Gesprächspartner auf Twitter verständnisvoll zu und bittet im Namen des Unternehmens um Entschuldigung. Vorbildliche dialogische Kommunikation, die sich vom anderen etwas sagen und infrage stellen lässt, die Informationen weitergibt und Kritik aushält, ohne unfreundlich zu werden – das würde ich mir manches Mal auch von meiner Kirche wünschen.

Verbunden bleiben

Dieses Buch entstand in der Zeit der Corona-Krise, genau genommen während des zweiten Lockdowns im Advent 2020. Klar, wird nun mancher sagen, da war ja genug Zeit, um Dinge zu tun, für die man sonst im Getriebe des Alltags kaum Zeit hat. Durch Corona hatte ich allerdings nicht weniger Arbeit, sondern im Gegenteil mehr davon. Neben den »normalen« Aufgaben, die ja auch irgendwie weiter erledigt werden mussten, entdeckten auf einmal auch Kirchenobere, dass es da ein Internet gibt, das ungeahnte Möglichkeiten bietet, um trotz des Virus miteinander verbunden zu bleiben. Es wurde viel getan, um den Kontakt zu halten, gerade während des ersten Lockdowns im Frühjahr 2020, als öffentliche Gottesdienste nicht möglich waren – und das an Ostern, dem höchsten Fest der Christenheit. Da waren sicher viele gute Initiativen dabei: geistliche Impulse, kurze YouTube-Filme, Mutmacher, die per Newsletter versandt wurden,

Livestreams von Gottesdiensten. Manches war vielleicht eher gut gemeint als gut gemacht, aber was für mich zählt, ist der gute Wille vieler Hauptberuflicher, den Kontakt zu den Menschen, die ihnen anvertraut sind, nicht zu verlieren. Gerade der persönliche Kontakt war hier für viele Menschen wichtig. Es ist eben nicht unerheblich, ob ich den Sonntagsgottesdienst schaue, der im Domradio aus dem Kölner Dom gestreamt wird, oder die Eucharistiefeier, die mein Heimatpfarrer eher unbeholfen mit einer wackligen Handykamera ins Netz stellt.

Das gilt auch für Ordensgemeinschaften. Häufig wurden wir gebeten, unser Stundengebet zu streamen, weil viele eben gerade mit »ihrem Kloster« in Verbindung bleiben wollten. Das waren Menschen, die auch in den Jahren zuvor bei uns zu Gast waren, gerade an Ostern. Und so haben wir uns dazu entschlossen, über einen Audiolivestream – und an den großen Ostergottesdiensten über einen Videolivestream – anderen die Möglichkeit zu geben, mit uns im Gebet verbunden zu sein. Und da bei uns mit der Klostergemeinschaft weiterhin eine wirkliche Gottesdienstgemeinde zusammenkam – natürlich mit Abstand und unter den geltenden Hygienemaßnahmen –, wollten wir anderen Menschen daran Anteil geben.

An den unzähligen Livestreams von Eucharistiefeiern, die ein Priester real allein gefeiert hat, kann man durchaus Kritik üben. Zu oft sah ich dort eine Art von Klerikalismus, eine Fixierung auf die Eucharistiefeier und den geweihten Priester, der die vielen guten Initiativen, die auch schon vor Corona gewachsen waren, unterminieren konnte. Daher haben wir uns bewusst dazu entschlossen, einen Livestream auf unser »Proprium« - das, was uns als Benediktiner ausmacht - zu beschränken, nämlich auf die Übertragung unseres Stundengebetes. Zudem ist es dabei beim »Audio« geblieben - zum einen, weil das denen, die Bedenken hatten, einfacher zu vermitteln war, zum anderen aber auch, weil gerade das Hören das benediktinische Ur-Wort schlechthin ist. Mit dem Aufruf zum Hören beginnt Benedikt seine Klosterregel: »Höre, mein Sohn, auf die Weisung des Meisters, neige das Ohr deines Herzens« (RB Prolog 1). Erst als wir von den Gemeinden in unserer Nachbarschaft eindringlich darum gebeten wurden, die großen Ostergottesdienste auch via Videostream zu übertragen, haben wir uns gemeinsam darauf geeinigt, einfach weil wir im Kloster als Einzige das Privileg hatten, miteinander die Ostergottesdienste feiern zu können und wir möglichst viele daran beteiligen wollten.

Seit dem Advent 2020 ist unser Audiostream inzwischen eine feste Einrichtung, auch in einer etwas professionelleren Variante (beim ersten Mal lagen überall im Kirchenraum Kabel herum), und zu großen Gottesdiensten können wir ihn zum Videostream erweitern. Viele sind uns dankbar für die Möglichkeit, mit uns verbunden zu bleiben, auch über räumliche Distanz hinweg - ein treuer Mitbeter hat sich uns regelmäßig aus Portugal zugeschaltet. Für uns ist der Livestream sozusagen eine Konsequenz unserer missionarischen Arbeit, eine moderne Möglichkeit, unseren Glauben zu verkünden und anderen Menschen zugänglich zu machen. Zudem haben uns einige beim Kauf guter Technik finanziell unterstützt oder standen uns beratend zur Seite. So war die Einrichtung eines permanenten Livestreams für unsere Gemeinschaft ein echtes »Crowdfunding«-Projekt: Innerhalb von einer Woche hatten wir das nötige Geld zusammen.

Eine kleine Initiative hat sich in den Monaten des ersten Lockdowns spontan auf Twitter begründet. Einige benediktinisch angehauchte Userinnen und User haben den Hashtag **#CoronaEremit** ins Leben gerufen, um den Menschen aus der klösterlichen Tradition heraus Hinweise zu geben, die erzwungene Einsamkeit gut zu bewältigen. Das konnte ein Mut machender Bibelvers sein, ein Zitat aus der Benediktsregel, aber auch eine kleine Begebenheit aus dem Klosterleben, die sich auf ein Familienleben gut übertragen lässt, Tipps zur Bewältigung von Quarantänezeiten oder Lektüreempfehlungen. Viele waren dankbar für diese kleinen heilsamen Unterbrechungen in Tweetform und haben entsprechendes positives Feedback gegeben. Und auch das ist übrigens wieder eine Initiative, die »von unten« entstanden ist, spontan, ohne dass vorher in langen Sitzungen über Für und Wider einer solchen Aktion beraten wurde. Einfach machen – das ist eine Devise, die in den Social Media gilt.

Das, was gut ist, wird bleiben beziehungsweise sich von selbst bewähren. Einfach machen – eine Devise, die ich mir für unsere Kirche häufig auch wünschen würde. Das, was gut ist, wird bleiben ...

Trauer und Tod
in der digitalen Welt

»Den drohenden Tod sich täglich vor Augen halten« (RB 4,47), so lautet ein »Tool« aus dem Werkzeugkasten, das uns der heilige Benedikt im vierten Kapitel seiner Regel »über die Werkzeuge der geistlichen Kunst« an die Hand gibt. Es handelt sich dabei, wie der Name schon sagt, um Hilfsmittel für ein geistliches Leben im Alltag einer Gemeinschaft. Es sind kurze Sätze, die nicht nur für Mönche und Nonnen gelten, sondern auch auf das alltägliche Leben außerhalb des Klosters übertragen werden können. Benedikt schöpft dabei aus dem Alten und Neuen Testament und aus der Tradition der Wüstenväter und -mütter vor ihm.

Die Weisung, uns den drohenden Tod täglich vor Augen zu halten, klingt bedrohlich, düster. Zu gern halten wir uns den Tod und die Gedanken daran vom Leib, schieben sie ab in Krankenhäuser und Pflegeheime. Wir wollen leben, ohne an den Tod zu denken. Viele halten es mit Epikur, der in philosophischer Gelassenheit einmal sagte: »Was geht mich der Tod an? Wenn ich lebe, dann ist der Tod nicht da, und wenn der Tod da ist, dann lebe ich nicht mehr.«

Das »Memento Mori«, das Gedenken an den eigenen Tod, die eigene Sterblichkeit, ist dagegen seit dem Mittelalter ein bestimmender Gedanke. Die »Ars moriendi«, die Kunst des Sterbens, wurde damals als eine gute Vorbereitung praktiziert: Man legte fest, was nach dem Tod mit dem eigenen Leib und dem Besitz passieren sollte, ordnete seinen Nachlass, versöhnte sich mit den Mitmenschen und betete um eine gute Sterbestunde. Im Grunde war die »Ars moriendi« nichts anderes als eine »Ars vivendi«, eine Lebenskunst. Denn nur, wenn ich mir meines eigenen Todes bewusst bin, mir klar ist, dass ich nicht ewig lebe, gewinnt mein Leben hier und jetzt an Bedeutung. Wenn jede Stunde meine Sterbestunde sein könnte, wird auch jeder Augenblick meines Lebens wichtig und kostbar. Meine Entscheidungen bekommen Ewigkeitswert.

Auch wenn wir den Tod am liebsten verdrängen würden, ist er paradoxerweise doch allgegenwärtig. In den Nachrichten kommt er jeden Abend als reales, teils furchtbares Geschehen in unsere Wohnzimmer, und wem das nicht reicht, der kann sich mit dem fiktionalen Tod im Fernsehkrimi beschäftigen. Der Tod bricht bei den meisten vor allem als Tod der anderen ins Leben ein. Wenn der geliebte Mensch stirbt, dann bin auch ich gezwungen, mich mit dem Tod auseinanderzusetzen, vor allem im Modus des Widerstands. Uwe Johnson beschreibt das sehr schön in seinem Nachruf auf Hannah Arendt: »Sie war einverstanden mit ihrem Tod, wie jeder von uns einverstanden sein soll mit dem eigenen und den des anderen sich hinzunehmen weigert.«

Auch in der digitalen Welt bricht der Tod ungeplant und unverhofft ein. Auch hier sind es reale Menschen aus Fleisch und Blut, die von einer tödlichen Krankheit oder vom plötzlichen Tod eines geliebten Menschen betroffen sind und davon digital schreiben, weil das eben ihre Form der Mitteilung, der Aufarbeitung ist. Auch hier gibt es viel Zuspruch, tröstliche Worte und ganz konkrete Hilfsangebote.

Und manchmal unterbricht der Tod eines bekannten oder prominenten Menschen das übliche Social-Media-Geplänkel, den normalen Talk über Gott und die Welt. Dann erlebe ich oft etwas, das man durchaus als Trauerkultur bezeichnen kann. Unter dem Hashtag #RIP, dem der Name des oder der Verstorbenen angefügt wird, werden persönliche und offizielle Nachrufe geteilt, Erinnerungen, die man mit diesem Menschen verbindet, oft an die eigene Kindheit, in der dieser Mensch im persönlichen Entwicklungsprozess ganz wichtig war. Er oder sie »hat mich geprägt«, heißt es dann oft. Und getreu dem Motto »de mortuis nihil nisi bene – über die Toten soll man nur Gutes sagen« ist man bemüht, das Positive herauszustellen.

Als im Oktober 2020 völlig unerwartet der SPD-Politiker Thomas Oppermann starb, haben binnen Minuten nach Eintreffen der Todesnachricht Politiker aller Fraktionen und Parteien in den Sozialen Medien kondoliert, ihr Beileid ausgesprochen, Erinnerungen ausgetauscht. Aber auch der ganz normale User hat Betroffenheit zum Ausdruck gebracht. Wenn ein Mensch stirbt, dann bedeutet das eine Unterbrechung – im physischen wie im digitalen Alltag. Und je jünger die Verstorbenen sind und je näher an meinem eigenen Geburtsjahrgang, desto mehr kann ich auch meine eigene Sterblichkeit nicht mehr verdrängen und muss mich zu ihr verhalten. Durch die Corona-Pandemie sind all diese Fragen noch einmal drängender geworden, denn hier werden wir mittlerweile täglich mit Sterben und Tod konfrontiert. Ich erinnere an die Bilder der aufgereihten Särge mit Corona-Toten in Bergamo während der ersten Phase im Frühjahr 2020 oder an die täglich neu verbreiteten Infektions- und Todeszahlen, die dann auch die PolitikerInnen zum Handeln gezwungen haben. Mir sind die eindringlichen Worte von Angela Merkel im Bundestag im Dezember 2020 im Ohr, als sie die Bürgerinnen und Bürger zur Achtsamkeit gegenüber den eigenen Großeltern aufgefordert hat, damit dies nicht ihr letztes Weihnachtsfest sei – in den Sozialen Netzwerken ist dieser Aufruf tausendfach geteilt worden. Die britische Tageszeitung Independent machte daraus die

Schlagzeile, dass Merkel die Deutschen dazu aufgerufen habe, »ihre Großeltern an Weihnachten nicht umzubringen«[17].

Zu einer guten »Ars moriendi« gehört in unserer Zeit übrigens auch, eine digitale Vorsorge zu treffen. So wie ich mir in meinem Testament überlege, wer einmal mein Vermögen erhalten soll, so sollte ich auch meine »digitalen Angelegenheiten« regeln. Ganz konkret: Was soll mit meinen Social-Media-Accounts passieren, wenn ich einmal nicht mehr bin? Facebook kennt mittlerweile die Person des digitalen Nachlassverwalters, ein Mensch meines Vertrauens, den ich einsetzen kann und der nach meinem Tod mein Profil entweder deaktiviert oder in einen »Sterbemodus« stellt. Denn auch im Netz brauchen Menschen Erinnerungsorte. So wie ein Grabstein an den geliebten Menschen erinnert, können vielleicht auch im Netz digitale Gedenkprofile entstehen, auf denen nicht mehr alles gezeigt wird, was zu Lebzeiten dort zu lesen war, aber doch die wesentlichen Lebensdaten einer Person. Das würde mit der Lebensrealität vieler Menschen ernst machen. Ich denke, jeder, der in den Sozialen Netzwerken aktiv ist, sollte eine Person ihres Vertrauens benennen, die dann zum Beispiel weiß, wo die jeweiligen Passwörter verwahrt sind und was die Wünsche des Verstorbenen hinsichtlich der digitalen Profile sind. Auch das gehört heute zu einem verantwortungsvollen Umgang mit dem eigenen Tod – und mit den Sozialen Medien.

»Den drohenden Tod sich täglich vor Augen halten« – diese Mahnung Benedikts ist letztlich keine Drohung, sondern nüchterner Realismus, der unsere Sterblichkeit ernst nimmt und gerade deshalb Wert auf dieses Leben im Hier und Jetzt legt, das gut zu leben ist – im Bewusstsein, dass unsere Tage gezählt sind.

Nachwort:

Der Heilige Geist als Influencer

Das folgende Kapitel habe ich zuerst als Pfingstpredigt 2019 in der Abtei Königsmünster gehalten. Sie ist zu einer Zeit entstanden, als viele junge Menschen begannen, für mehr Klimaschutz auf die Straße zu gehen, und als ein junger YouTube-Influencer vielen jungen Menschen Politik zu erklären versuchte.

Vor einigen Wochen, kurz vor der Europawahl, hat ein junger Mann, der sich Rezo nennt, auf dem Internetportal YouTube ein 55-minütiges Video mit dem etwas missverständlichen Titel »Die Zerstörung der CDU« veröffentlicht. Missverständlich, weil Zerstörung nicht eine physische Zerstörung meint, sondern in der Internetsprache eher die argumentative Zerschlagung einer bestimmten Meinung oder Position. Das Video richtete sich nicht nur gegen die CDU, sondern gegen ein ständiges

»Weiter so« der Großen Koalition aus CDU und SPD, vor allem in der Klimapolitik und – das sollte nicht vergessen werden – gegen die rechtspopulistische AfD. Rezo gehört zur sogenannten Influencer-Szene, was sich vom englischen influence = beeinflussen herleitet. Mit seinen über anderthalb Millionen Followern übt er gemeinsam mit vielen anderen Influencern einen enormen Einfluss auf junge Leute aus. Sein Video, das mit wissenschaftlichen Fakten belegt war, hat zusammen mit der Fridays-for-Future-Bewegung rund um die junge Schwedin Greta Thunberg einen Nerv gerade bei jungen Menschen getroffen, was sich auch an den Ergebnissen der Europawahl gezeigt hat – übrigens beides zusammen ein schönes Beispiel dafür, wie analoge und digitale Welt sich gegenseitig befruchten und ergänzen.

Was haben diese jungen Influencer wie Rezo und Greta Thunberg mit dem Pfingstfest zu tun? An Pfingsten feiern wir die Herabkunft des Heiligen Geistes, den Geburtstag der Kirche. Ein etwas sperriges Fest, das wie sein Protagonist schwer zu fassen ist. Dabei ist der Heilige Geist nichts anderes als das, was Rezo oder Greta Thunberg für viele Menschen heute sind – er ist so etwas wie der Influencer Gottes. Wo er einen Menschen ergreift, spornt er ihn an und beeinflusst ihn. Der Influencer-Geist macht aus Menschen, die sich hinter verschlossenen Türen verschanzt haben, begeisterte Zeugen der Frohen Botschaft. Der Influencer-Geist macht die Menschen zu Followern, die Jesus nachfolgen und ihn und seine Botschaft im Leben zur Sprache bringen wollen. Der Influencer-Geist führt ganz unterschiedliche Menschen unterschiedlicher Nationen und Sprachen zusammen und lässt sie einander verstehen.

Gerade weil Influencer so viele Menschen beeinflussen, rufen sie bei den sogenannten »Etablierten« oft Widerspruch hervor. Und die Ewiggestrigen versuchen, sie mundtot zu machen, ins Lächerliche zu ziehen. Die Reaktionen auf das Rezo-Video sind auch hierfür ein gutes Beispiel: Was bildet sich dieser Jungspund mit seinen blauen Haaren eigentlich ein, uns, die wir doch so viel mehr an Lebenserfahrung haben, zu kritisieren? Soll er doch erst mal einen ordentlichen Beruf lernen und eigenes Geld verdienen, dann kommt er schon zur Vernunft! Und wenn den Kritikern bei Greta Thunberg die Argumente ausgehen, wird eben schnell ihr Autismus herangezogen, um sie zum Schweigen zu bringen.

Das war übrigens auch bei den Menschen am ersten Pfingstfest nicht anders, die vom Influencer-Geist ergriffen wurden. Auch hier kamen einige nicht damit zurecht, dass sich die Menschen trotz fremder Sprachen plötzlich verstanden, und so sagten sie: »Sie sind vom süßen Wein betrunken.« Ein altbekanntes Muster: Was Menschen nicht verstehen, das machen sie lächerlich.

Wie wichtig Influencer in unserer modernen Kommunikation geworden sind, zeigt sich daran, dass es im Bereich des Onlinemarketings großer Firmen mittlerweile eine eigene Teildisziplin gibt: das sogenannte Influencer-Marketing. Hier versuchen sich große Firmen, die Reichweite von Influencern gerade in den Sozialen Medien zunutze zu machen; auch in der Kirche ist immer wieder die Diskussion entbrannt, wie Influencer unsere Botschaft, die von vielen Menschen heute leider nicht mehr gehört und verstanden wird, an den modernen Mann, die moderne Frau bringen können. Die Gefahr dabei liegt auf der Hand: Wenn junge Menschen zu Marketingzwecken eingespannt werden, kann viel von ihrer Spontaneität und Lebendigkeit verloren gehen. Die Bewegung »Fridays for Future« verwahrt sich deshalb gegen eine Instrumentalisierung ihres Anliegens durch bestimmte Gruppen oder politische Parteien. Sie möchte bewusst Bewegung bleiben. Ihr ist der Klimaschutz zu wichtig, als dass er für bestimmte Interessen vereinnahmt wird. Der Geist weht eben, wo er will, und lässt sich nicht in bestimmte Schubladen einsperren.

Auch die Gemeinde des ersten Pfingstfestes der Geschichte war eine Bewegung. Erst im Lauf der Zeit wurde sie zur festen Institution Kirche – mit allem, was notwendig ist, aber eben auch belastend. Das Pfingstfest erinnert uns an die Anfänge unserer Kirche. Wenn wir den Ruf »Komm, Heiliger Geist« wirklich ernst nehmen, dann müssen wir damit rechnen, dass dieser Geist immer wieder die festgefahrenen Strukturen unserer Institutionen und Gesetze aufbricht und uns dahin führt, wo wir es vielleicht am wenigsten erwarten. Wir müssen damit rechnen, dass er uns aus unserer Routine aufstört. Junge Menschen wie Rezo oder Greta Thunberg und die vielen, die jeden Freitag auf die Straße gehen, um für eine gerechtere Klimapolitik zu demonstrieren, erinnern mich daran, dass der Heilige Geist nicht nur in der Kirche wirkt, sondern auch außerhalb. Und dass diese Influencer mir und uns und unserer Welt etwas zu sagen haben, ja, dass sie Prophetinnen und Propheten sind, Trägerinnen und Träger des Geistes – wenn wir sie wirklich ausreden lassen und sie nicht vorschnell unterbrechen oder mundtot machen oder für unsere Zwecke zu instrumentalisieren versuchen.

Ich wünsche uns offene Sinne, dass wir die Zeichen des pfingstlichen Hoffnungsgeistes in unserer Welt nicht übersehen, und ich wünsche uns ein offenes Herz, dass wir uns vom Influencer-Geist positiv beeinflussen lassen, damit wir selbst zu Influencern werden für eine bessere Welt, in der sich jeder mit seinen Geistesgaben einbringen kann.

Anmerkungen

1 Zur Diskussion: https://www.tagesspiegel.de/politik/die-kanzlerin-und-das-internet-merkels-neuland-wird-zur-lachnummer-im-netz/8375974.html – dort ist auch das Twitterzitat zu lesen (Stand: 06.11.2020).

2 Zum Glück gibt es da positive Ausnahmen wie den Bamberger Erzbischof Ludwig Schick, der als einer der ersten auf Twitter präsent war, oder den Essener Generalvikar Klaus Pfeffer, der auf Facebook mitunter sehr deutlich zu politischen und kirchlichen Fragen Stellung nimmt.

3 Hashtags sind in sozialen Netzwerken Themen, die markiert werden und über die verschiedene Menschen miteinander ins Gespräch kommen können. Unter einem bestimmten Hashtag (#) können sich Menschen über ein Thema, das gerade aktuell ist, informieren, oder selbst Hashtags kreieren und damit neue Themen setzen.

4 RB = Regula Benedicti, Regel Benedikts.

5 Natürlich benutzen wir bei unseren Treffen einen eigenen Hashtag, der auf Twitter und Instagram Themen setzt und

über den andere mitlesen können. So bedeutet der Hashtag #sasoac ganz einfach: Wir treffen uns am Samstag und Sonntag in Aachen.

6 www.twitter.com/moenchmartin

7 Vgl. https://www.faz.net/aktuell/sport/fussball/unterbedforawayfans-bieten-bvb-fans-monaco-anhaengern-schlafplaetze-an-14968755.html (Stand: 14.11.2020).

8 http://www.vatican.va/content/francesco/de/messages/communications/documents/papa-francesco_20170124_messaggio-comunicazioni-sociali.html (Stand: 28.11.2020).

9 Karl Rahner, Erfahrung des Geistes. Meditation, Freiburg im Breisgau 1977.

10 Antonio Spadaro SJ, Cyber-Theologie. In: Stimmen der Zeit 141 (2016) 145–146, online abrufbar unter https://www.herder.de/stz/hefte/archiv/141-2016/3-2016/cyber-theologie/ (Stand: 14.11.2020).

11 In Benediktinerklöstern wird die Regel Benedikts nach einem bestimmten Leseplan abschnittsweise dreimal im Jahr vollständig vorgelesen.

12 Bis heute zu finden unter www.twitter.com/twomplet

13 https://www.katholisch.de/artikel/1769-gebet-bleibt-gebet (Stand: 28.11.2020).

14 Vgl. https://www.internetseelsorge.de/seelsorge-online

15 https://dbk.de/fileadmin/redaktion/diverse_downloads/presse/2012-109b-Empfehlungen-Social-Media-Guidelines.pdf

16 Vgl. https://www.vaticannews.va/de/kirche/news/2020-11/deutschland-kirche-missbrauch-dbk-zdk-fuer-konsequenzen.html

17 »Merkel makes emotional plea for Germans not to kill their grandparents this Christmas«: https://www.independent.co.uk/news/world/europe/covid-merkel-germany-christmas-coronavirus-b1769180.html?utm_content=Echobox&utm_medium=Social&utm_source=Twitter#Echobox=1607599380

Bibliografische Information der Deutschen Nationalbibliothek

Die Deutsche Nationalbibliothek verzeichnet diese Publikation in der Deutschen Nationalbibliografie. Detaillierte bibliografische Daten sind im Internet über http://dnb.d-nb.de abrufbar.

Ohne Folie
Für unsere Umwelt

in Deutschland produziert

FSC
www.fsc.org
MIX
Papier aus verantwortungsvollen Quellen
FSC® C014889

1. Auflage 2021

Lektorat: Marlene Fritsch
Satz: Matthias E. Gahr
Umschlaggestaltung: Finken & Bumiller, Stuttgart
Umschlagmotiv: shutterstock.com
Druck und Bindung: Pustet, Regensburg
ISBN 978-3-7365-0360-1

www.vier-tuerme-verlag.de